# FRANCISCO, O PAPA *da* ESPERANÇA

·30·
pontos para
compreender
seus gestos

JOSÉ LAÉRCIO DE LIMA.SJ

# FRANCISCO, O PAPA *da* ESPERANÇA

·30·
pontos para
compreender
seus gestos

GUTENBERG

EDITORAS RESPONSÁVEIS
*Rejane Dias*
*Cecília Martins*

PREPARAÇÃO DE TEXTO
*Mariana Faria*

REVISÃO
*Aline Sobreira*

CAPA
*Diogo Droschi*
*(Sobre imagem de Giulio Napolitano / Shutterstock)*

DIAGRAMAÇÃO
*Guilherme Fagundes*

**Dados Internacionais de Catalogação na Publicação (CIP)**
**Câmara Brasileira do Livro, SP, Brasil**

Lima, José Laércio de
Francisco, o papa da esperança : 30 pontos para compreender seus gestos / José Laércio de Lima. -- São Paulo : Gutenberg, 2020.

ISBN 978-65-86553-34-5

1. Bergoglio, Jorge Mario, 1936- 2. Catolicismo 3. Crescimento espiritual 4. Espiritualidade 5. Francisco, Papa, 1936- 6. Inspiração - Aspectos religiosos - Cristianismo 7. Papas - Biografia 8. Religião I. Título.

20-40123 CDD-262.13092

**Índices para catálogo sistemático:**
1. Papas : Biografia e obra 262.13092
Cibele Maria Dias - Bibliotecária - CRB-8/9427

A **GUTENBERG** É UMA EDITORA DO **GRUPO AUTÊNTICA**

**São Paulo**
Av. Paulista, 2.073, Conjunto Nacional,
Horsa I . 23° andar . Conj. 2310-2312
Cerqueira César . 01311-940 São Paulo . SP
Tel.: (55 11) 3034 4468

**Belo Horizonte**
Rua Carlos Turner, 420
Silveira . 31140-520
Belo Horizonte . MG
Tel.: (55 31) 3465 4500

www.editoragutenberg.com.br

*Criem futuro, criem possibilidades, gerem alternativas,*
*ajudem a pensar e atuar de modo diverso. Cuidem de sua*
*relação diária com o Cristo ressuscitado e glorioso*
*e sejam operários da caridade e semeadores de esperança.*

Papa Francisco aos jesuítas, leigos e leigas em Roma

Agradeço a Deus, por ter nos dado a fé.

Agradeço a minha família, que me ensinou a seguir Jesus e amar a Igreja.

Agradeço a Maria Claudia Vasconcelos e ao Pe. Expedito Nascimento.SJ, primeiros leitores deste texto, corrigindo e colaborando com as suas observações.

Prefácio - **Quem é Francisco?** *11*

1. **Um papa da esperança** *17*
2. **Um papa da alegria** *21*
3. **Um papa de processos** *27*
4. **Um papa pároco** *31*
5. **Um papa ovelha** *35*
6. **Um papa de surpresas** *39*
7. **Um papa da escuta** *45*
8. **Um papa que abandona os papéis** *51*
9. **Um papa profeta** *53*
10. **Um papa humano** *61*
11. **Um papa em saída** *63*
12. **Um papa latino-americano** *67*
13. **Um papa membro de uma ordem religiosa** *71*
14. **Um papa jesuíta** *77*
15. **Um papa jesuíta entre jesuítas** *83*
16. **Um papa profeta da misericórdia** *87*
17. **Um papa místico** *91*
18. **Um papa dos pobres** *95*
19. **Um papa da juventude** *101*
20. **Um papa que chora** *105*

21. Um papa que se humilha *109*

22. Um papa universal *113*

23. Um papa à frente do seu tempo *117*

24. Um papa que traz leveza *121*

25. Um papa irredutível *125*

26. Um papa cuidador da "casa comum" *129*

27. Um papa que nos desafia *133*

28. Um papa em tempos de pandemia *137*

29. Um papa do encontro *141*

30. Um papa de todos *145*

Conclusão *149*

Notas *155*

PREFÁCIO

# *Quem é Francisco?*

Francisco, nome escolhido pelo Cardeal Bergoglio quando foi eleito papa em março de 2013, é um homem muito difícil de explicar, embora fácil de compreender. Em outras palavras, ele é um homem com várias facetas: surpreendente, misericordioso, alegre, firme, terno, humilde, próximo, pobre, capaz de chorar com os demais. Ele é o Padre Jorge de sempre, porém, agora está sentado na cátedra de Pedro. Explicar o Papa Francisco será sempre difícil, pelo simples motivo de ele ser uma pessoa em constante mudança, entretanto as suas mudanças não são contraditórias, pelo contrário, sempre o colocam adiante de seu tempo, ao passo que se torna difícil falar sobre quem é ele, sendo impossível colocá-lo em um par de categorias, uma vez que ele nos surpreende com seus gestos e palavras diariamente. Ao mesmo tempo, são essas atitudes e palavras que nos ajudam a compreendê-lo.

Um texto ou mesmo um livro nunca poderão sintetizar ou dizer quem de fato é Jorge Mario Bergoglio, ou o Papa Francisco. Seu pontificado entra para a história tanto da Igreja quanto mundial ao se apresentar como um papa reformado, de ritmo próprio, cuidadoso e corajoso, uma junção necessária em tempos de radicalismos. Precisaremos de muitos anos para acolher todos os seus escritos, suas intuições, bem como suas reformas, ou mesmo o que seus gestos e silêncios nos revelam.

Com este livro espero ajudar aquelas pessoas, religiosas ou não, praticantes do catolicismo ou de outra religião, que desejam compreender o modo de proceder de Francisco. Como jesuíta, mostro de que maneira a estrutura de sua formação e a espiritualidade inaciana estão dando suporte a ele neste momento de sua trajetória. Cada característica trabalhada aqui quer simplesmente abrir portas para a compreensão desse grande homem, que certamente nos levará ainda, no decorrer da história da Igreja, a continuar a abrir mais portas e janelas para compreendê-lo.

Este livro pode ser visto como um modo de aproximação a um papa que deseja falar ao coração do povo de Deus e que busca viver com autenticidade, driblando a burocracia vaticana e a estrutura que o obriga a se portar como um chefe de Estado. Os fiéis católicos encontrarão aqui características para aprofundar o modo de vida pessoal e comunitária, eclesial. Já os não católicos encontrarão pontos da história de um homem de esperança, que não desiste daquilo em que acredita e que sabe esperar a hora certa para a decisão necessária, discernida e madura. Ambos os tipos de leitor encontrarão um olhar acerca da figura do Papa Francisco, mas principalmente do Padre Jorge, que chegou ao posto máximo de uma instituição milenar e que continua a ser referencial para muitos cristãos, líderes mundiais, empresários, artistas, entre outros.

Precisaremos de muito tempo e muito silêncio para conhecê-lo a fundo, pois a sensação que me dá é que em tudo o que se escreve sobre ele há certa tensão. Primeiro, por ele sempre nos impulsionar à mudança, a caminhar, a ir além do estabelecido, por sempre nos convocar ao novo, à reforma. Por um lado, ele é veloz, ágil, leve, escapa dos esquemas, mas traz em si uma sede de liberdade e de mudanças, de renovação e de transformação sem comparação; por outro lado, sempre acho que tudo o que escrevemos sobre ele é insuficiente, pois ainda está em pleno pontificado, e certamente muitas mudanças e gestos virão pela frente. Ou seja, não devemos nunca ter a pretensão de opinar definitivamente a respeito dele, de seu trabalho, de sua missão. É preciso escrever, ler, ouvir suas falas, estando sempre atentos ao novo caminho que ele aponta, pois ele se adianta a tudo e a todos.

Francisco desafia progressistas e conservadores, dois rótulos que não se aplicam a ele, pois está muito à frente disso, convocando todos à paciência e à unidade na diversidade. Isso é o que ele considera necessário para construir pontes, construir caminhos e abraçar projetos juntos, semear e esperar a hora certa de colher frutos. Somente o tempo e a história serão capazes de nos fazer entender seu pontificado, ainda em curso e em plena força, indicando novos cardeais de um modo mais universal ou mais comprometidos com ações que com discursos.

Falar em Francisco, o Papa, é entrar em um processo com ele, de espera e discernimento, palavras-chave em seu pontificado; ao mesmo tempo, é reconhecer, ao lado dele, as feridas dos sofredores deste mundo. Ele é alguém que não se exime daquilo que lhe cabe, que é fazer a diferença na Igreja e no mundo. Seu olhar está voltado para todas as dores humanas. Francisco está muito além daqueles que preferem a marcha lenta; é um homem precavido, de discernimento, cujo ritmo é fruto da maturidade de quem viveu processos e que hoje tem como projeto de vida ser presença do

Cristo aqui e agora. O que Cristo faria? Como Cristo agiria? Ele se esforça para fazer e agir, seguindo os passos do mestre.

Só alcançará seus passos quem souber acompanhá-lo e for capaz de entrar nesse processo de construção atemporal. E só o conseguirá olhando para o passado, para o presente e para o futuro, compreendendo mais ou menos para onde ele nos leva. Ao quebrar vários paradigmas já estabelecidos pela frieza curial vaticana, Francisco nos ensina também a enfrentar com seriedade os problemas do cotidiano; mais que isso, ele nos revela que os problemas reais do cotidiano não devem nos tirar a esperança e a capacidade de espera, do contrário, não conseguiremos colher os frutos da nova estação. Com uma espécie de empurrão, ele nos impulsiona a sairmos do "sempre foi assim" e a repensarmos o sentido do que fazemos e daquilo que anunciamos.

Francisco tem sede de Evangelho, no cotidiano e na prática, nas mãos e no coração do povo. Ele tem sede de caminhar para a frente, de fomentar na Igreja a ação terna do Espírito que tudo renova e transforma. Sinto nele a presença de um grande e santo Padre Jorge, que habita dentro do Santo Padre Papa Francisco, ambos, em unidade plena, convidando-nos tanto ao cuidado da Igreja quanto a que cada um de nós façamos nossas pequenas e urgentes reformas locais e particulares, para que a revolução da ternura aconteça. Padre Jorge – como é conhecido na Argentina o Papa Francisco – doa a Francisco toda uma experiência de povo, de encontros pelas ruas e vielas de Buenos Aires; doa a Francisco a experiência de ser pastor em uma igreja aberta, que não espera as ovelhas feridas virem, mas vai atrás delas, como Jesus fez, colocando o ser humano no centro.

Ao trabalhar por mudanças, por simplicidade e pela aproximação da Igreja ao Evangelho e ao modo de Cristo, Francisco traz em si o sonho acalentado por homens como Dom Helder Câmara e Dom

Luciano Mendes de Almeida, e até mesmo Dom José Maria Pires, Dom Óscar Romero e tantos outros homens e mulheres que sempre acalentaram esse tempo de renovação e de abertura, de aplicação do Vaticano II, de aplicação do Evangelho. Ao mesmo tempo, ele é de uma geração de bispos pastores e profetas que deixa sua marca não tanto por posturas radicais, de esquerda ou de direita, mas por atitudes e modos de viver. Ele rejeita para si títulos ideológicos, evita todo tipo de categorização de seus gestos, pois eles são evangelho puro, ele os vive, assim como inumeráveis bispos mundo afora que são entregues e apaixonados pelo seu ministério.

Francisco é daqueles homens que conseguem extrair de nós o melhor que temos e somos; aqueles que os contrapõem ainda não entenderam isso, tampouco descobriram a força transformadora do Evangelho na Igreja. A atitude de rechaço a Bergoglio por alguns revela o rechaço também ao projeto presente no Concílio Vaticano II, agora em plena aplicação.

Tentarei abrir algumas portas e apresentar chaves para a leitura das figuras de Bergoglio e do Papa Francisco, que cada vez mais se revelam uma só pessoa, sem contradições ou rupturas, sem medo de ser aquilo que deve ser, um seguidor de Jesus Cristo, sempre em Sua companhia.

Em cada ponto ou capítulo trabalhado, mostro uma faceta de Francisco, com a certeza de que estamos diante de uma personalidade poliédrica – figura que ele mesmo gosta de citar –, ou seja, uma pessoa de muitos lados, o que em nada o despersonaliza, mas costura sua identidade.

Ao escrever sobre Francisco, com quem tive a grata oportunidade de rezar, ouvir e estar em vários momentos e celebrações em Roma, tenho consciência de que estamos diante de uma das mais belas páginas da história da Igreja Católica Apostólica Romana. Os anos, os livros e os testemunhos nos apresentarão ainda muitas facetas desse homem que carrega uma sede insaciável de vida em plenitude. Francisco é um peregrino pobre, com uma missão gigantesca: a de proporcionar que as pessoas tenham acesso a Jesus Cristo e ao Evangelho.

Este livro foi feito pensando nas inúmeras pessoas que desejam aprofundar seus conhecimentos sobre a vida e a trajetória do pontífice. Será útil para que agentes de pastorais conheçam melhor o sonho que está no coração do Papa. Servirá para todos que desejam olhar para Francisco a partir de várias óticas, características, facetas. Em todas elas, encontraremos evangelho. Esta obra também poderá ser usada como material para oração, pois, observando cada característica dele, poderemos meditar sobre a Igreja, a sociedade e a nossa vida. É um livro para diferentes tipos de leitor, para os que gostam de ler um livro todo, sequencialmente, quase de uma vez, mas também para aqueles que preferem ler pausadamente, formando e forjando o coração e a mente. Ou um capítulo por dia, com intervalos. Qualquer que seja sua preferência, tudo que aqui está saiu de um coração à procura de outros corações apaixonados pela vida, por Jesus e seus ensinamentos.

Nos *Exercícios Espirituais,* de Santo Inácio de Loyola, não devemos ter pressa em passar de um ponto a outro. Aqui não é diferente: poderemos ir "sentindo e saboreando internamente", pois "não é o muito saber que sacia e satisfaz", segundo nos orienta Santo Inácio de Loyola.[1,*]

---

[*] Para favorecer a fluidez da leitura, todas as citações, obras e demais fontes estarão detalhadas ao final do livro, na seção "Notas".

# 1
## *Um papa da esperança*

Francisco é um papa da esperança. Ele nos ensina que a paciência tudo alcança, que a sabedoria revela e nos presenteia com a atitude de saber esperar.

Francisco, o Papa do Fim do Mundo, chegou "se arrastando", como quem não quer nada, mas chegou para ficar. Sua eleição gerou inseguranças que logo deram espaço a esperanças, e justamente pelos mesmos dois motivos: o fato de ele ser jesuíta e latino-americano. Alegria para uns, medo para outros. Seus primeiros discursos e atitudes desconcertaram o coração de muitos, para a surpresa de todos. Francisco continua sendo o que sempre foi: um bom pastor, que prioriza suas ovelhas. Seu principal modelo para o pontificado é Jesus Cristo, disso não há dúvidas, mas a referência para a escolha de seu nome como papa foi um ícone universal e inter-religioso, São Francisco de Assis, o santo pobre que agia pelos pobres. O tempo passou e Francisco continua irredutível em sua missão de restaurar a Igreja, a começar pela Cúria Romana, a mesma que de vez em quando tenta dar um revés nele, apesar de suas pernas um pouco bambas. Mas ele não dá nenhum passo atrás.

Os anos passam e Francisco, como um bom condutor, sabe muito bem olhar pelo retrovisor da nave que conduz. E esse olhar o ajuda a balizar a história atual, no mesmo caminho da história antiga. Ele não sai da esteira dos grandes papas, porém, com muita discrição, trilha o caminho dos grandes santos, levando a Igreja a um lugar irreversível na história. Cada passo à frente o faz olhar para trás com uma atitude de quem sabe o que faz, de quem sabe aonde quer ir e chegar. Ao mesmo tempo, seguindo o viés do Concílio Vaticano II, consegue trazer de volta o melhor que este ainda pode nos oferecer, como a abertura, a capacidade de diálogo, o olhar para trás, para os lados e para a frente como um corpo, como irmãos, povo de Deus. Francisco nos convida a caminhar com ele na aplicação de um concílio que parecia já estar fadado a preparar caminho para outro; porém ele primeiro nos convida a nos ambientar novamente às principais decisões oferecidas pelos padres conciliares de quase 60 anos atrás.

A sabedoria de Francisco nos ensina também a termos paciência e a sabermos aguardar com esperança, sem parar, sem desanimar. E essa é uma espera criativa, que nos move adiante, e não aquela que nos definha e nos entorpece com o desânimo e a frase que diz que todos são iguais e nada irá mudar. Quem observa Francisco mais a fundo percebe um horizonte em seu olhar, um lugar de chegada, que é o coração de cada pessoa. Ele transforma o Evangelho em prática e nos desperta do marasmo da repetição e do desânimo, cheios de desculpas ou culpados. Seu papel no mundo hoje é nos apontar caminhos mais alegres e esperançosos, o que me faz lembrar de uma de suas homilias em Santa Marta:

> Por isso, a esperança é uma virtude que não se vê: trabalha por debaixo; nos faz olhar por debaixo. Não é fácil viver na esperança, mas eu diria que deveria ser o ar que um cristão respira, ar de esperança; do contrário, não poderá caminhar, não poderá

> ir avante porque não saberá aonde ir. A esperança – isso sim é certo – nos dá uma segurança: a esperança não desilude. Jamais. Se você espera, não será desiludido. É preciso abrir-se a esta promessa do Senhor, voltados para aquela promessa, mas sabendo que existe o Espírito que trabalha em nós. Que o Senhor nos dê, a todos nós, esta graça de viver em tensão, mas não para os nervos, os problemas, não: em tensão pelo Espírito Santo que nos lança para a outra margem e nos mantém na esperança.[2]

Francisco está fazendo sua parte, firme, misericordioso, justo, paciente e sábio, construindo e colocando a Igreja em um caminho sem volta, o caminho do Evangelho de Jesus Cristo.

# 2
# *Um papa da alegria*

Quem assistiu ao filme ou leu o livro *O nome da rosa* vai se lembrar de que naquele tempo era proibido sorrir. Exagerando um pouco, podemos dizer que sentir alegria e leveza era quase proibido ao cristão. Estamos em tempos novos, e Francisco de Roma nos convida à alegria constantemente, ao afirmar que a "alegria é uma virtude peregrina. É um dom que caminha, que caminha na estrada da vida".[3] Ele afirma ainda que é uma alegria que está em movimento, chama a atenção para a alegria que nasce do profundo, e não de motivos conjunturais. E, ao mesmo tempo, diz que é uma graça que necessitamos pedir.

Uma de suas primeiras encíclicas como papa foi: *A alegria do Evangelho* (*Evangelii Gaudium*). Uma belíssima oportunidade de apresentar ao mundo o Evangelho de modo, no mínimo, diferente.

> A alegria do Evangelho enche o coração e a vida inteira daqueles que se encontram com Jesus. Quantos se deixam salvar por Ele são libertados do pecado, da tristeza, do vazio interior,

> do isolamento. Com Jesus Cristo, renasce sem cessar a alegria. Quero, com esta Exortação, dirigir-me aos fiéis cristãos a fim de os convidar para uma nova etapa evangelizadora marcada por esta alegria e indicar caminhos para o percurso da Igreja nos próximos anos.[4]

O Papa nos desafia a olhar para o nosso mundo atual com um olhar lúcido e responsável, percebendo como neste mundo, nesta realidade, neste cotidiano, a alegria cristã deve fazer a diferença e transformar o mundo e a sociedade em lugares melhores para todos. Somos, assim, chamados a mudar nossa postura, nosso olhar, nossos sentimentos e ações, uma vez que, quanto mais perto do Senhor, mais conseguiremos alcançar a alegria que Seu Evangelho nos proporciona. É um caminho de ida e volta, no qual quanto mais amigos de Jesus formos, mais alcançaremos seu modo de olhar, amar e agir. Essa encíclica nos desafia a transformar o mundo em uma realidade mais plausível, mais alegre, mais inclusiva e misericordiosa. A religião tem a missão de anunciar essa alegria, em vez de comprometer a alegria das pessoas, levando-as à tristeza em nome da religião de cada uma.

Um Evangelho anunciado desde a perspectiva do Senhor não tem igual: é um horizonte novo, uma porta nova, um caminho que transforma a Igreja desde dentro, desde o coração de cada pessoa. Desse modo, o caminho da Igreja também deve ser o da alegria, e nunca o da tristeza.

Outro presente ofertado à Igreja é *A Alegria do Amor (Amoris Laetitia*). Nele, Francisco nos oferece a oportunidade de nos aprofundarmos no papel da família no mundo de hoje; uma experiência de sentir e saborear o amor no cotidiano. Em mais de 300 pontos,

Francisco revela nesse documento o fruto do trabalho dos bispos de várias partes do mundo, reunidos, em 2015, para esse tão singelo momento em Roma com o sucessor de Pedro. Ele fala sobre o amor na família, em um mundo que cada dia mais evolui em alguns aspectos e regride em outros. O Papa revela como hoje a família sofre todos os tipos de influência e decide apostar na alegria mais uma vez. O modo como ele apresenta a família e o amor é profundamente aberto àquilo que Jesus nos convida a oferecer, uma acolhida de modo real, e bastante lúcido diante do que estamos vivendo na sociedade atual. Francisco apresenta a Igreja como casa para todos, que ama e acolhe, escuta e discerne; porém, denuncia que

> no matrimônio, convém cuidar a alegria do amor. Quando a busca do prazer é obsessiva, encerra-nos numa coisa só e não permite encontrar outros tipos de satisfações. Pelo contrário, a alegria expande a capacidade de desfrutar e permite-nos encontrar prazer em realidades variadas, mesmo nas fases da vida em que o prazer se apaga.[5]

Especialmente no mundo em que vivemos, quando todas as atitudes e todos os projetos humanos vão em busca de prazer a qualquer custo, Francisco denuncia a armadilha que pode estar pronta para nos aprisionar dentro mesmo do matrimônio, quando ele é manipulado e impede o crescimento e a maturidade dos esposos na relação do casal.

Mais uma vez, ele faz uso do instrumento do discernimento para que, nos casos mais especiais, nós possamos aproximar, o mais que pudermos, a nossa postura da de Jesus. Ele tem muita consciência também dos desafios pelos quais a família passa e que deve saber administrar de um modo maduro e cristão, sem jamais perder a verdadeira alegria do amor. Logo na abertura da exortação, o Papa deixa clara a relação da família com a Igreja, afirmando que "a alegria do amor que se vive na família é também o júbilo da Igreja". Por isso devemos caminhar sempre unidos, como uma só família "capaz de aprofundar algumas questões doutrinais, morais, espirituais e pastorais". O Papa nos mostrou a realidade da família dos dias de hoje e, ao mesmo tempo, apontou-nos caminhos para alcançarmos aquilo que é ideal.

Na exortação apostólica *Sobre o chamado à santidade no mundo atual* (*Gaudete et Exsultate*), Papa Francisco mais uma vez nos convida à alegria:

> O meu objetivo é humilde: fazer ressoar mais uma vez o chamado à santidade, procurando encarná-la no contexto atual. Com seus riscos, desafios e oportunidades, porque o Senhor escolheu cada um de nós "para sermos santos e íntegros diante dele, no amor" (*Ef*, 1,4) [...] o santo é capaz de viver a alegria e o sentido do humor. Sem perder o realismo, ilumina os outros com o espírito positivo e rico de esperança. Ser Cristão é "Alegria no Espírito Santo" (*Rm*, 14,17), porque "do amor de caridade, segue-se necessariamente a alegria" [São Tomaz de Aquino].[6]

O chamado à santidade é um chamado à verdadeira alegria, aquele que não vem do mundo, mas do coração de Deus, quando buscamos colocar em prática a alegria das bem-aventuranças. A santidade está no cotidiano e ao alcance de todos.

> Não pensemos apenas em quantos já estão beatificados ou canonizados. O Espírito Santo derrama a santidade, por toda a

parte, no santo povo fiel de Deus, porque "aprouve a Deus salvar e santificar os homens, não individualmente, excluída qualquer ligação entre eles, mas constituindo-os em povo que O conhecesse na verdade e O servisse santamente".

O Papa revela os perigos que algumas heresias antigas nos apresentam hoje, revestidas em conservadorismos e radicalismos que mais falam da realidade complexa que vivemos na Igreja e da realidade do ser humano diante da religião e de Deus. Francisco denuncia que essas heresias se apresentam como uma santidade maquiada, mas que, na verdade, são contrárias a ela, chegando a ser uma falsidade e afetando diretamente os cristãos atuais. O Papa nos diz que o erro do gnosticismo e do pelagianismo continuam a nos ameaçar de um modo disfarçado, mas que é preciso estar atento a esses modos de pensar a vida e a fé, uma vez que eles nos distanciam do modo de ser e viver de Cristo, vivendo um cristianismo fechado e demasiado preocupado consigo, esquecendo de viver uma fé que nos leva aos irmãos. Francisco está comprometido pessoalmente com a apresentação da santidade e da religião como uma possibilidade de encontro de salvação acessível a todas as pessoas, levando-nos a uma caridade e um compromisso com a transformação do mundo no qual vivemos.

# 3
## *Um papa de processos*

Francisco é um homem de processos e deixou isso claro quando se dirigiu aos jesuítas na Congregação Geral 36, em Roma, ao dizer: "não se prendam a territórios, mas iniciem processos". Assim, ele colocou os jesuítas para pensar em como sermos mais livres, mais missionários, mais pobres, mais desapegados de nós mesmos, bem como a irmos além, iniciando processos. Só quem é verdadeiramente livre e desapegado será capaz de passar pelo mundo sem a pretensão de colher todos os frutos de todas as sementes que alguém um dia tenha plantado. É fundamental saber que "Deus nos primereia", ele nos antecede, chega antes, e nós apenas levamos adiante.

Como bispo de Roma, Francisco tem a consciência de que outros já semearam antes dele, e que suas sementes têm origem nas árvores frondosas que já deram seus frutos. Uma dessas árvores que produziram Francisco foi o Concílio Vaticano II. O concílio dos tempos modernos, que teve a coragem de iniciar um processo na Igreja e cujos efeitos sentimos até hoje e que ainda está em curso. Francisco está em plena aplicação do Concílio Vaticano II, e talvez seja por isso que ele seja tão perseguido. Esse mesmo concílio sofreu ataques desde o início, e, de lá para cá, já são cinco papas, incluindo São João XXIII, que convocou o concílio, que deram prosseguimento ao processo conciliar, processo de acolhida e aplicação dessas decisões. Com a eleição do Cardeal Bergoglio, que passou a ser o Papa Francisco, temos aí a nítida retomada do processo de aplicação, uma volta ao documento. Já sentimos os bons ventos chegando até nós, mas não sem complicações e perseguições, assim como a Igreja viveu no período do concílio com São João XXIII, inclusive sofrendo pequenos cismas. Até hoje encontramos grupos que resistem em acolher as determinações do Concílio Vaticano II, fazendo uma opção pelo passado, abrindo mão do *aggiornamento* (atualização).

Outro processo lento e difícil iniciado por Francisco foi o da reforma da Cúria Romana, da qual, ainda hoje, enquanto escrevo estas linhas, não tivemos as novas orientações em definitivo. Essa reforma está em processo desde o início do seu pontificado, quando criou um conselho particular para ajudar a iniciar os processos, atendendo também a solicitações dos cardeais reunidos antes do conclave que o elegeu, pedindo um modo de governo mais sinodal.

Desse conselho vimos sair a reforma dos meios de comunicação e do modo de gerir as economias do Vaticano, além da já mencionada reforma da Cúria, que está em processo, entre outras.

Podemos dizer que cada sínodo convocado por Francisco é uma experiência de iniciar processos. A preocupação dele é dar o passo, caminhar, ir adiante, algo que vemos claramente em seus gestos e na leveza com que ele leva a própria missão, diminuindo a burocratização da Cúria Romana, de seu estilo de vida e da forma como usa as mídias sociais, conseguindo inserir pessoas novas na estrutura curial, inclusive acabando com a vitaliciedade de alguns cargos. Com isso, Francisco põe toda a Igreja para pensar no chão em que pisamos, nos processos que vivemos, na realidade que habitamos e ocupamos. Como ele mesmo afirmou em um discurso à Cúria Romana, em dezembro de 2019: "a mudança de época obriga a uma mudança de mentalidade". Assim, ele mostra que é um homem em processo, peregrino e desapegado, e que não devemos ficar presos ao passado por medo do futuro.

# 4
## *Um papa pároco*

Em Buenos Aires, ele é conhecido como Padre Jorge, o padre das periferias. Aquele que, mesmo como arcebispo, nunca deixou de ser um pároco, pastor com odor de ovelhas. A emblemática foto que veio à tona logo após sua eleição papal mostra um padre simples, do povo e com o povo, no metrô da cidade. Bergoglio passava totalmente despercebido pelo simples fato de fazer aquilo com tranquilidade, sempre usando os meios de transporte que seu povo usava. Ele não tinha carro nem motorista particular, mesmo sendo arcebispo e cardeal da capital argentina.

Junto do povo, ele sempre se revelou profeta da esperança, ajudando a vencer as dificuldades com um olhar sempre em Jesus. Modelo para muitos párocos, especialmente para os que viam nele um pai, um pastor e um companheiro de lutas diárias e de sofrimento com os miseráveis e descartados daquela sociedade que tinha as suas crises.

Bergoglio, sem medo de escandalizar os acostumados a fazer as coisas sempre do mesmo modo, ajudou a Igreja da Argentina a viver com um bispo pobre e desapegado, sem pompas nem necessidade de um séquito para lembrar que ele era um príncipe da Igreja. Queria apenas ser e continuar sendo o Padre Jorge. Aquele que encarnava o Evangelho em linguagem e gestos simples que não só escandalizavam, mas também salvavam muitas pessoas.

Esse jeito de ser se tornou um modo de viver. E não causou mais escândalos o fato de ele ser um bispo que não morava em um palácio. Temos, no Brasil, modelos de bispos que abriram mão de uma vida mais cômoda e decidiram levar a sério a opção por uma vida simples. A simplicidade se tornou uma prática e já não escandalizava.

A consciência de quem ele era estava presente em tudo o que fazia. Sua fama sempre foi a de uma pessoa focada e centrada na própria missão. Disciplinado e dedicado em tudo o que fazia.

Sua simplicidade e seu modo de fazer as coisas certamente fazem dele um papa pároco, que deseja estar perto de todos, saber seus nomes, tocar e se deixar ser tocado, e se envolver pelo cotidiano de cada um. A experiência de ser pastor em Buenos Aires o capacita hoje a, como papa, olhar a Igreja e as pessoas – que são a verdadeira Igreja – não desde uma escrivaninha, mas a partir do evangelho de Cristo, levando sempre em conta como Ele agiria em determinado momento ou situação.

A sensibilidade de Bergoglio faz do Papa Francisco nada mais que um pároco de comunidades, e isso em nada diminui um papa, pelo contrário. Cada vez mais ele se torna um modelo de sacerdote que foge da bajulação e da tentação de se colocar no lugar de Cristo e da missão da Igreja, que é aproximar as pessoas do Senhor. O pároco é um servidor na alegria, na simplicidade e na amizade. Sempre que pode, Francisco chama a atenção para o papel do padre no mundo de hoje. Esse modelo na Igreja Católica já tínhamos visto com o Papa João XXIII, quem, em plena década de 1960, realizou pela primeira vez a visita pastoral às paróquias da sua diocese. A experiência de pároco do povo leva o Padre Jorge de forma inédita a bispo de Roma, que preside a Igreja na caridade, sendo ainda um servidor do seu povo, pároco em maior proporção.

# 5
## *Um papa ovelha*

Quando Francisco iniciou seu papado, como um irmão entre irmãos, afirmou no balcão da Basílica de São Pedro: "os meus irmãos cardeais foram buscar-me lá no fim do mundo". Assim, ele dá início a um caminho novo de magistério e nos ensina que maior é aquele que serve, que é irmão, que se coloca ao lado, caminhando junto. "Às vezes caminha à frente para guiar, às vezes atrás para acompanhar os que estão atrasados."[7] Dessa forma, inicia-se um *cammino di fratellanza* (caminho de fraternidade) de irmãos entre os irmãos. Francisco revela ao mundo um modo novo de viver a experiência de ser pastor universal, sem a necessidade dos símbolos que costumeiramente eram usados pelos papas anteriores.

Com Paulo VI, algumas coisas começaram a mudar; por exemplo, o uso da tríplice coroa. Pouco depois, o Papa João Paulo II já não usa nem a sedia gestatória (cadeira para o papa, que se carregava nos ombros, utilizada até o papado de João Paulo I) nem a tríplice coroa. Nem mesmo Bento XVI ousou voltar com a sedia gestatória ou a coroa, embora tenha regressado com o uso de alguns itens papais de séculos passados, como quando apareceu na Praça de São Pedro vestindo um gorro que havia décadas os papas não usavam; além de outros paramentos próprios da liturgia pré-conciliar. Alguns comentaristas chegaram a cogitar a possibilidade de Bento XVI surpreender mais uma vez, com o uso da coroa e da sedia gestatória.

Francisco, desde o início de seu papado, não usa a *mozzetta*, uma pequena capa vermelha sobre os ombros, aparecendo todo de branco na bancada vaticana; decide também não vestir a calça branca por baixo da batina, além de não calçar mais os sapatos vermelhos próprios dos últimos papas. Opta por um anel banhado a ouro, por casula e mitra simples, iguais às que usava em Buenos Aires; começa a repetir as vestes litúrgicas, enviando a todos um claro recado de liberdade interior, simplicidade e austeridade, e colocando o foco naquilo que deveria ser verdadeiramente o centro de tudo: o Cristo.

Por trás da simplicidade de suas vestes há um estilo de ser pastor, ele se mistura com suas ovelhas, se suja com a "sujeira" do mundo, a fim de sentir e conhecer a realidade de seu povo, para a partir dali exercer seu pontificado, seu magistério.

Seu pastoreio impulsiona um elemento muito importante do Vaticano II, o protagonismo dos leigos, tão incentivado pelos documentos do Conselho Episcopal Latino-Americano (Celam) como resposta e atualização do concílio à realidade latino-americana.

Francisco tem consciência de que, sendo um irmão entre os irmãos, há apenas um bom pastor, Jesus Cristo. Por isso, assume também seu lugar de ovelha, deixa-se conduzir pelo Espírito e, sem medo, lança-se ao colo de Deus.

Seus gestos e vestimentas expressam definitivamente o que se passa em seu coração e em seus sentimentos no que tange ao modelo de como deve ser um padre, um sacerdote, um pastor com odor de ovelhas, que não busca ser servido, mas servir com alegria. Faz questão, portanto, de continuar sendo ele mesmo. Para a nossa sorte, Francisco não tem crise de identidade, em nada mudou seu modo de ser; pelo contrário, alguns elementos se intensificaram. Além disso, suas atitudes de pastor são, para toda a Igreja, uma "teologia" à parte, que deve ser estudada, meditada e seguida. Tais atitudes nos levam ao pastor universal, Cristo Jesus, que não quer perder nenhuma de suas ovelhas.

# 6
## *Um papa de surpresas*

As surpresas com Francisco continuam, de preferência, todos os dias.

Entretanto, a primeira delas, especialmente para nós, jesuítas, veio ao escutarmos o nome de Jorge Mario Bergoglio. Parecia que não era verdade. Costumávamos brincar entre nós que algo na Igreja ou na Companhia mudaria só quando tivéssemos um papa jesuíta. Óbvio que isso não passava de ironia ou brincadeira, justamente por termos a convicção de que um jesuíta nunca chegaria a papa, mesmo com a presença do Cardeal Martini nos últimos conclaves, um exímio pensador, pastor jesuíta. Até então, essa era a única chance, ainda que, segundo os vaticanistas e a mídia, não daria certo, por causa de sua idade e porque o "papa da vez" seria Ratzinger, como de fato veio a acontecer. Martini faleceu em 2012. Bergoglio, por sua vez, foi feito cardeal em 2001 por São João Paulo II, mas seu nome era quase desconhecido.

De qualquer maneira, a surpresa foi grande quando anunciaram que o novo papa era jesuíta. E fiquei sem saber como reagir quando amigos e amigas me telefonaram para me felicitar. Meu coração parecia que ia pular para fora. Uma mistura de medo, ou pavor, e surpresa, e, ao mesmo tempo, um sentimento de que tudo parecia um pesadelo. Mas era tudo verdade. À medida que as coisas aconteciam, o véu do medo passava, dando lugar a uma admiração profunda, a começar pelo nome escolhido por ele – Francisco. A surpresa foi geral, pois foi o primeiro papa a escolher esse nome, uma homenagem a São Francisco de Assis.

Quando ainda estávamos curtindo ou mesmo tentando entender suas primeiras palavras e atitudes franciscanas no balcão do Vaticano, Francisco decidiu continuar as surpresas: voltou de micro-ônibus para onde estava hospedado durante o conclave, junto com seus companheiros e amigos cardeais. A foto nos jornais, rapidamente espalhada pelas redes sociais, foi uma grande surpresa, deixando todos sem palavras e sem saber quais rumos aquilo tomaria.

O certo é que aquela noite do anúncio, da apresentação do novo papa, parecia uma eternidade. O desejo era que amanhecesse logo, para já sabermos das novidades e das novas orientações. A renúncia de Bento XVI já deixava de ser notícia. Agora, o tema era o novo papa "vindo do fim do mundo". Relembro mais uma vez das primeiras fotos do novo papa, quando, já vestido de branco, ele voltou à Casa Santa Marta de micro-ônibus com os cardeais? Logo após essa foto, veio outra, de quando Francisco foi ao hotel onde esteve hospedado antes de começar o conclave para pagar, ele mesmo, por sua estadia. Mais uma vez, os jornais e as redes sociais se enchiam de surpresa, e agora todos estavam estupefatos. Alguns, diga-se de passagem, estavam escandalizados com a coragem e a ousadia de Francisco, o Papa do Fim do Mundo.

As fotos revelavam, mais uma vez, que precisaríamos readequar a ideia que trazíamos dentro de nós do que deveria ser o comportamento de um pontífice romano. Tudo estava ficando mais confuso, porém, para alguns, tudo ficava muito claro, especialmente para quem já conhecia Bergoglio, para os que haviam trabalhado com ele, convivido com ele e aprendido esse modo simples de ser, independentemente da situação que estivesse vivendo.

Passados alguns dias, mais uma surpresa: o Papa visita os aposentos oficias dos pontífices e decide que não moraria ali – o que já devia estar decidido desde o primeiro momento –, pois isso, de fato, seria um escândalo para aqueles que o conheceram como Padre Jorge. Não só por uma questão de coerência com sua história e biografia, como também com o Evangelho, ele decide continuar morando na Casa Santa Marta, comendo, bebendo e dormindo perto de muitos, como um deles.

Desde essa decisão vieram muitas outras surpresas, como quando ele surpreendeu um guarda suíço com um sanduíche durante a noite, pedindo que ele se sentasse e comesse. Entre aperto de mãos e sorrisos, Francisco foi se familiarizando e fazendo mudar também a sisudez desses jovens suíços que servem ao papa já há tanto tempo. Surgem mais fotos, Francisco na fila dos operários do Vaticano se servindo em uma bandeja comum, como qualquer outro funcionário, por exemplo. Mas talvez nada tenha sido mais surpreendente que a foto do pontífice indo a uma ótica para experimentar e comprar os próprios óculos, ou indo comprar seus sapatos pretos, obviamente causando tumulto e correria nas ruas de Roma, já que não há registro, na história da Igreja, de algo parecido.

Essas simples ações começaram a indicar os rumos da Igreja nos próximos anos. Se alguém ainda tinha dúvidas, estas certamente se dissiparam.

As surpresas continuavam: no dia 14 de março de 2013, o Papa Francisco deu início a uma nova rotina na Casa Santa Marta, passando a presidir a missa matutina todos os dias para um pequeno grupo. Os convidados da primeira missa foram alguns funcionários do Vaticano. Naquele dia, após a celebração, Francisco se sentou na cadeira simples ao fundo da capelinha. Muitos nem haviam percebido a presença do Santo Padre, que ficou silenciosamente rezando e em seguida cumprimentou a todos.

Luciano Cecchetti, responsável pela jardinagem e limpeza do Vaticano, declarou:

> Nós somos os invisíveis. Encontrar-se diante do Santo Padre, numa missa para nós, é algo que não acontece todos os dias. Eu olhava ao redor e via o rosto dos funcionários: todos saímos com os olhos um pouco marejados. Foi uma missa realmente muito simples, em contato direto com quem poucos dias atrás havia sido eleito pontífice. E nós lhe agradecemos muito, especialmente quando nos saudou ao final: fomos apresentados a ele um por um, e a cada um de nós ele disse algo e pediu que rezássemos por ele.[8]

São gestos assim que geram vida, resgatam a dignidade e mudam o modo de se relacionar. Gestos que nos ajudam a perceber a força do testemunho. Pouco a pouco, Francisco nos ajuda a começar a pensar em um papado que não necessite de símbolos imperiais, reverências desnecessárias, que mais criam burocracia e rito do que representam a força do amor e do Evangelho. Afinal, imaginarmos um papa "gente como a gente" não deve ser um pecado, e muito menos impossível; ele certamente deveria ser mais parecido com Jesus e seus discípulos.

Até hoje suas surpresas são, para nós, um bálsamo derramado sobre a Igreja e o mundo. Pois sabemos que elas nos arrastam para a frente e nos impulsionam a uma atualização daquilo que somos e cremos.

Francisco é Evangelho puro, traduzido em prática cristã. O Vaticano II foi uma surpresa no tempo gélido de fechamento e de falta de diálogo com o mundo moderno, quando assistimos surpresos às ações de João XXIII. Hoje, assistimos com grande surpresa a esse presente que o Espírito e os cardeais em conclave nos deram. Francisco é a surpresa de Deus para todos num momento em que a dúvida e a falta de surpresas positivas eram uma constante no horizonte da Igreja.

# 7
## *Um papa da escuta*

Continuando as surpresas, Francisco convoca um conselho para ajudá-lo em sua missão de pastor universal, revelando, assim, uma forma de governar sinodal e, ao mesmo tempo, colegiada. Mesmo com sua agenda cheia, assegurou que as reuniões periódicas acontecessem sem titubear, dando início a um novo modo de governar a Igreja. Escutando, Francisco dá início a um caminho sinodal, fazendo-nos perceber a importância do discernimento e do saber ouvir. Convidando bispos e cardeais de diversas partes do mundo para seu conselho, ele apresenta, assim, um novo olhar sobre a realidade universal, a partir de olhares locais. Desse modo, o pontífice decidiu pela reforma da Cúria Romana, colocando todos em uma espera paciente e exemplar. Francisco iniciou uma nova fase na vida pastoral da Igreja, ajudando a perceber que o serviço na Cúria deve ser, de fato, um serviço, e não um emprego estável e imutável. Até os dias de hoje, quando escrevo estas linhas, estamos aguardando pacientemente pelas novas regras de procedência da Cúria Romana, certamente com mudanças que irão na mesma esteira do atual pontificado, pois, com ele, não há lugar para a incoerência, e certamente mais surpresas virão. Escutando cardeais e bispos, Francisco decide fortalecer as conferências episcopais ao redor do mundo, dando a cada uma delas a oportunidade de ser um instrumento importante na aplicação do direito canônico. Por isso, ele determinou que cada diocese tenha o seu tribunal, para que ali possam encaminhar processos mais econômicos e mais rápidos, descentralizando de Roma aquilo que cabe a cada bispo diocesano, como pastor de sua igreja local.

Para ampliar a escuta, ele implementa sínodos, encontros para auxiliar no debate.

**Sínodo da Família:** o primeiro deles foi fundamental para mostrar e revelar ao mundo o modo como Francisco compreende e vê a família na sociedade e na Igreja atuais. Sem medo, em seu discurso de abertura ele deixa claro que ali é lugar de escuta e de fala, e convida a todos para se expressar sem medo e, ao mesmo tempo, para exercitar a escuta como modo importante e respeitoso de diálogo sinodal. O Papa se colocou como mais um na dinâmica daquele sínodo, muito escutou e ajudou, em seu silêncio, os presentes a compreenderem a importância dessa instância de consulta papal.

**Sínodo da Juventude:** Para trabalhar o tema da juventude, tão caro a ele, convocou um segundo sínodo, para tratar do discernimento vocacional, da vida dos jovens e da realidade eclesial. Para um pré-sínodo, convidou uma centena de jovens de todo o mundo, católicos ou de outras religiões e ateus. O Papa se fez presente, escutando e falando, criando cada vez mais a cultura da escuta respeitosa. O Papa mostrou-se paciente e pedagógico como um mestre, para nos revelar, mais uma vez, que estar juntos é o que mais importa, dialogando, trocando experiências e ajudando a fazer da Igreja algo mais realista e mais próximo da vida dos jovens. É claro que surgem resistências e dificuldades em dar continuidade a esse caminho sinodal, mas Francisco não desiste. Continua firme e paciente em seu caminho.

**Sínodo da Amazônia:** continuando a trajetória das surpresas franciscanas, que muitos de nós chamamos de "coisas de Francisco" ou "Francisco sendo Francisco", ele espanta a Igreja no mundo todo com a convocação para o Sínodo da Amazônia, realizado em outubro de 2019. Essa foi mais uma afirmação de que ele continuava seu caminho muito claro como Padre Jorge, com paciência e cheio de esperança. Para alguns, a convocação desse sínodo parecia algo muito distante e fora da realidade, dependendo de qual parte do mundo ou da Igreja olhava para o anúncio. Pouco a pouco, o sínodo foi se desenhando, tomando forma, algo que parecia longe e incipiente foi ganhando força. Além de toda a Amazônia, bispos, padres, leigos e leigas, religiosos e religiosas, várias populações indígenas foram tomando gosto pela ideia. O pré-sínodo aconteceu em Puerto Maldonado, Peru; ali Francisco pôde ser Francisco mais uma vez, escutou indígenas, missionários e missionárias, tocou a carne sofrida dos povos indígenas, deixou-se tocar, por fora e por dentro, revelando mais uma vez, nesse caminho sinodal, um papa paciente, sinal de esperança para todos. Afinal, em seu modo de ver e servir a Igreja, ninguém fica de fora.

Assim, o sínodo foi, mais uma vez, um instrumento de escuta eficaz nesse modo de Igreja que Francisco representa e põe em marcha. Questões de muita importância apareceram no instrumento de trabalho, e, de repente, viu-se uma sala sinodal repleta e misturada de cores e etnias, na qual estavam bispos, indígenas, cardeais, mulheres, homens, jovens, idosos, teólogos (antes vistos com certa desconfiança, como Victor Codina, jesuíta espanhol, que há muitos anos trabalha na Bolívia, um grande conhecedor da Igreja samaritana, inculturada e latino-americana). Temas como diaconato feminino, ordenação de homens casados, uma liturgia apropriada para a Amazônia, sofrimento dos povos amazônicos, assassinato de lideranças amazônicas e questões políticas e sociais ecoavam dentro da sala sinodal, acostumada a escutar apenas profundas questões teológicas de grandes mentes pensantes da Igreja. A dor e o grito dos pobres ressoavam ali, naquela sala de irmãos, iguais e de escuta paciente e apaixonada. Uma escuta que não tem mais volta, que não está acostumada a retrocessos, mas a avanços, caminhando para a frente. As fotos ali no chão, diante do balcão do papa, de mulheres e homens, como Dorothy Stang, religiosa assassinada por fazendeiros, Irmão Vicente Cañas, jesuíta assassinado pela causa indígena, mostravam cenas que nunca imaginei ver um dia.

Em um testemunho para o site *Vatican News*, o cardeal jesuíta e peruano Pedro Barreto – que esteve na preparação do Sínodo da Amazônia e é muito ligado aos povos da floresta – afirmou que o sínodo foi também um tempo de conversão. Primeiro, uma conversão até Deus; depois, até os irmãos e irmãs de diversas culturas e até a ecologia, o que significa harmonia com Deus entre nós e também com a natureza criada por Ele. O jesuíta ainda afirmou que houve uma conversão sinodal na qual o Papa insistia, apontando:

> O sínodo é uma reunião de pessoas que creem para buscar juntos, contemplando a realidade, escutando os clamores das pessoas e da natureza, para poder atuar de maneira comunitária segundo a vontade de Deus.[9]

Mais que uma reunião de partido político ou sindicato, ou mesmo de condomínio, ali estavam reunidas pessoas de fé, que creem juntas e que partilham a mesma esperança, lugar de fala e escuta, entre as pessoas e o Espírito que se move em cada um ali presente. A atitude mais próxima do Evangelho e das primeiras comunidades cristãs não poderia ser outra senão a da escuta, dando oportunidade para que todos pudessem falar e opinar a respeito da vida e da fé, da Igreja, dos pobres, dos sofredores; podiam falar de sonhos e utopias, carregados e acalentados há tanto tempo no fundo do coração de tantas pessoas sofridas e humilhadas, mas que agora se sentiam escutadas.

# 8
## *Um papa que abandona os papéis*

Costumeiramente Francisco abandona papéis previamente elaborados, optando por iniciar suas falas de modo livre e espontâneo. Assim, ele revela seu modo livre de ser papa, pois prefere escutar as perguntas e respondê-las livremente, sem "aborrecer" ninguém ao ler um texto. É justamente aí que mora a questão. Nesses momentos, o pontífice se revela profeta, corajoso, livre e entusiasta. Ele consegue, com linguagem simples, traduzir os dogmas e as doutrinas, os temas mais candentes que povoam nossa mente e nosso coração, para a realidade das pessoas. Sua fala simples encanta e passa confiança, não é um homem de discursos elaborados, embora saiba a hora exata de utilizá-los. Francisco se arrisca e se lança com um microfone nas mãos, gritando ao mundo que chegou o tempo da misericórdia e da alegria.

Em suas missas diárias na capela da Casa Santa Marta, Francisco escreve outras páginas com seu ensinamento simples, fala de todos os temas corajosamente e, em poucos minutos, ensina-nos a também sermos párocos. Fala aos corações, livre de papéis, e deixa transbordar dos lábios a doçura do Evangelho meditado, rezado, e a ternura necessária de quem deseja tocar os corações. Ali ele se revela Padre Jorge, todos os dias ele tem essa oportunidade, como pároco, de ter contato com as pessoas da arquidiocese de Roma e também de pessoas vindas do mundo todo. E revela igualmente sua profundidade inaciana, seu conhecimento da realidade e da Igreja. Fala em metáforas, mas não perde a oportunidade para dizer o que deseja em alto e bom som.

Circundado por padres e bispos, religiosos e religiosas, leigos e leigas, ele preside a eucaristia sem símbolos pontificais, sem báculo, sem mitra, sem pálio, apenas como padre, pai, pastor. No final, acolhe todos os presentes, um a um, deixando sua marca na vida de cada pessoa que se aproxima dele. Esse gesto tão simples também faz parte da revolução franciscana da ternura iniciada por Papa Francisco em 2013. Durante a pandemia de covid-19, por exemplo, ele permitiu que suas missas diárias fossem transmitidas pela internet, o que possibilitou a ele não ficar longe do seu povo, da sua gente, da sua arquidiocese em Roma e do mundo.

# 9
## *Um papa profeta*

Corajosamente Francisco continua a nos surpreender com suas palavras, e sua profecia vem de tudo o que ele faz. Gestos e palavras estão repletos de significados e de coragem profética, sabendo que pagará um preço caro por eles. Inesgotável é seu discurso para a Cúria Romana no ano de 2015, quando, na "primeira doença da Cúria", ele diz o seguinte:

> A doença de sentir-se "imortal", "imune" ou mesmo "indispensável", descuidando dos controles habitualmente necessários. Uma Cúria que não se autocritica, não se atualiza, nem procura melhorar é um corpo enfermo. Uma normal visita ao cemitério poder-nos-ia ajudar a ver os nomes de tantas pessoas, algumas das quais talvez pensassem que eram imortais, imunes e indispensáveis! É a doença do rico insensato do Evangelho, que pensava viver eternamente (cf. *Lc*, 12,13-21), e também daqueles que se transformam em patrões, sentindo-se superiores a todos e não ao serviço de todos. Tal doença deriva muitas vezes da patologia do poder, do "complexo dos Eleitos", do narcisismo

> que se apaixona pela própria imagem e não vê a imagem de Deus gravada no rosto dos outros, especialmente dos mais frágeis e necessitados. O antídoto para esta epidemia é a graça de nos sentirmos pecadores e dizer com todo o coração: "Somos servos inúteis; fizemos o que devíamos fazer" (*Lc,* 17,10).[10]

Esse discurso é profético e merece sempre um retorno a ele, pois nos reorienta a uma volta sobre nossa história pessoal também. A coragem de um homem que veio do "fim do mundo" ao dizer essas duras palavras a uma Cúria Romana repleta de autoridades, que certamente nunca pensaram em receber tal advertência de um papa. São palavras fortes, um convite para que passemos pelo cemitério e vejamos o nome daqueles que se sentiram imortais e poderosos, mas que hoje não passam de cadáveres e um nome em uma lápide. Esse é Francisco.

Recordo também o período em que morei em Roma, quando, na quaresma de 2016 ele lavou os pés de mulheres em uma prisão, entre elas muçulmanas, causando um escândalo, especificamente na Europa católica. Um papa que se abaixa para se sujar lavando os pés de uma mulher muçulmana foi apenas mais uma surpresa profética e corajosa de Francisco. Os olhos de muitos, através da TV e da internet, foram testemunhas da coragem desse homem. Nesse momento, vocês devem estar se perguntando qual o motivo da surpresa. Mas lembremos que Francisco, o Padre Jorge, é latino-americano, e que, em Buenos Aires, esse gesto foi certamente repetido várias vezes, assim como nas igrejas e capelas de todo o Brasil. O lava-pés desde muito tempo deixou de ser algo especificamente para homens. Eu mesmo recordo, nas muitas missões que fiz, a dificuldade que era encontrar 12 rapazes ou senhores para representar esse momento, e pelo simples motivo de que as comunidades eram tomadas por mulheres. Ou seja, o que para nós era natural, para os europeus, especificamente na Itália e naquela ocasião, foi um escândalo – ou mais um deles. Pouco a pouco fomos vendo, nas missas paroquiais do Padre Jorge, Papa Francisco, em Roma e em seus arredores, meninos e meninas servindo nas missas como coroinhas, na maior naturalidade, o que em Roma, especificamente no Vaticano, ainda é impossível, revelando que a liturgia vaticana ainda precisa dar muitos passos em direção à revolução da inclusão iniciada por Francisco.

O tema me faz lembrar de uma conversa à mesa em Dublin, Irlanda, com alguns companheiros jesuítas de certa região da Europa. O tema de que tratávamos era Papa Francisco e seus "modernismos", que obviamente assustavam alguns ali, mas estes eram a minoria. De repente, um desses jovens jesuítas afirmou que não concordava que o papa lavasse pés de mulheres em uma liturgia, do mesmo modo que ele era contra coroinhas meninas na liturgia eucarística. Em minha inocência, e realmente tentando entender o argumento, tive que escutar a seguinte afirmação: "Ouvi de meu mestre de noviços que as meninas não possuem profundidade espiritual suficiente para esse serviço do altar".

Considerando que eu estava em outro país e praticando uma língua que em nada se parece com nosso português, espanhol ou italiano, fiquei assustado em ouvir tal afirmação vinda de um jesuíta. Mas escutei bem e entendi o que ele afirmou. Ali, naquele momento, vi claramente o quanto o elemento cultural é importante no diálogo entre iguais, ou entre diferentes. Naquele dia, aprendi mais um pouco sobre cultura. Não basta querer impor um modo de ser, é preciso ter paciência suficiente para entender o lado de cada um, a origem de cada pessoa, e a partir de onde cada um interpreta e acolhe o novo, nesse caso, o novo é o modo simples e cheio de gestos proféticos de Francisco.

O ser profeta está no código genético espiritual de Francisco, sua coragem e determinação continuam a nos assustar profundamente e, ao mesmo tempo, liberta-nos de uma religião desprovida do amor cristão, da caridade. Um discurso de Francisco que me impacta até hoje, e ao qual retorno sempre que posso, é o proferido na Bolívia, em 2015, por ocasião do II Encontro Mundial dos Movimentos Populares.[11] Ali Francisco colocou em prática, de forma assertiva, sua profecia, quando denunciou a importância do pobre na vida da sociedade e da Igreja, como veremos nestes fragmentos:

> Deus permitiu que nos voltássemos a ver hoje. A Bíblia lembra-nos que Deus escuta o clamor do seu povo e também eu quero voltar a unir a minha voz à vossa: os famosos três "T": terra, teto e trabalho para todos os nossos irmãos e irmãs. Disse-o e repito: são direitos sagrados. Vale a pena, vale a pena lutar por eles. Que o clamor dos excluídos seja escutado na América Latina e em toda a Terra.

Vemos, assim, Francisco entrando no caminho dos Profetas Bíblicos, emprestando sua autoridade moral para fazer conhecer ao mundo inteiro a preocupação que estava no coração de Jesus e que está no coração do Papa. Sua voz ressoou nos corações e nas telas de computadores e celulares do mundo todo, gritando por terra, trabalho e teto para os filhos e filhas de Deus, especialmente, naquele momento, para o povo pobre da América Latina.

Mesmo estando na Bolívia, seu discurso era voltado a todo o mundo, era a voz de um profeta que naturalmente vive inquieto com a dor e a cruz de cada irmã e irmão. Francisco é o papa das bem-aventuranças e anuncia a esperança e a alegria a todos, para todo o mundo, convidando-nos a mudanças de atitude e denunciando a globalização que gera a exclusão e a indiferença:

> Queremos uma mudança nas nossas vidas, nos nossos bairros, no vilarejo, na nossa realidade mais próxima; mas uma mudança que toque também o mundo inteiro, porque hoje a interdependência global requer respostas globais para os problemas locais. A globalização da esperança, que nasce dos povos e cresce entre os pobres, deve substituir esta globalização da exclusão e da indiferença.

Francisco denunciou os efeitos do mau uso do dinheiro, revelando que os interesses humanos estão justamente no lucro e no acúmulo, e não na vida para todos. A coragem de Francisco dá voz a todos os sofredores da terra, independentemente de credo, de sexo, de opção política, mas revela uma crise humanitária e uma injustiça que afetam todas as pessoas:

> O tempo, irmãos e irmãs, o tempo parece exaurir-se; já não nos contentamos com lutar entre nós, mas chegamos até a assanhar-nos contra a nossa casa. Hoje, a comunidade científica aceita aquilo que os pobres já há muito denunciam: estão a produzir-se danos talvez irreversíveis no ecossistema. Está-se a castigar a terra, os povos e as pessoas de forma quase selvagem. E por trás de tanto sofrimento, tanta morte e destruição, sente-se o cheiro daquilo que Basílio de Cesareia – um dos primeiros

> teólogos da Igreja – chamava "o esterco do diabo": reina a ambição desenfreada de dinheiro. É este o esterco do diabo. O serviço ao bem comum fica em segundo plano. Quando o capital se torna um ídolo e dirige as opções dos seres humanos, quando a avidez do dinheiro domina todo o sistema socioeconômico, arruína a sociedade, condena o homem, transforma-o em escravo, destrói a fraternidade inter-humana, faz lutar povo contra povo e até, como vemos, põe em risco esta nossa casa comum, a irmã e mãe Terra.

Se por acaso alguém pensa que o papel de denunciar cabe somente ao Papa, ele diz que não. Afirma de forma contundente que esse papel pertence a todos nós. Infelizmente estamos vivendo tempos nos quais quanto mais neutro, mais interessante, especialmente para alguns cristãos que ainda não entenderam seu papel no mundo e na Igreja. Porém, Francisco não conhece essa palavra, ele vive a prática da paciência, da espera, mas é uma espera ativa, que propõe algo diferente e que nos convida a que sigamos seu exemplo, com respeito e valorização do diálogo e da tolerância. Também façamos nossa parte; por mais incapacitados que nos sintamos, é preciso participar da mudança:

> Que posso fazer eu, recolhedor de papelão, catador de lixo, limpador, reciclador, frente a tantos problemas, se mal ganho para comer? Que posso fazer eu, artesão, vendedor ambulante, carregador, trabalhador irregular, se não tenho nem sequer direitos laborais? Que posso fazer eu, camponesa, indígena, pescador, que dificilmente consigo resistir à propagação das grandes corporações? Que posso fazer eu, a partir da minha comunidade, do meu barraco, da minha povoação, da minha

> favela, quando sou diariamente discriminado e marginalizado? Que pode fazer aquele estudante, aquele jovem, aquele militante, aquele missionário que atravessa as favelas e os paradeiros com o coração cheio de sonhos, mas quase sem nenhuma solução para os seus problemas? Podem fazer muito. Vós, os mais humildes, os explorados, os pobres e excluídos, podeis e fazeis muito. Atrevo-me a dizer que o futuro da humanidade está, em grande medida, nas vossas mãos, na vossa capacidade de vos organizar e promover alternativas criativas na busca diária dos três "T" – entendido? – (trabalho, teto, terra), e também na vossa participação como protagonistas nos grandes processos de mudança, mudanças nacionais, mudanças regionais e mudanças mundiais. Não se acanhem!

Como testemunhamos, seria impossível falar desse profético discurso sem relatar parágrafos inteiros, para não cair na tentação de tirar qualquer palavra, pois, nele, elas fazem a diferença e precisam estar aí. Ler ou escutar essa fala me abrem todas as portas da imaginação e do coração, revelando o quanto o papado é importante como aquele que nos preside na caridade, gerando unidade, oferecendo ao mundo, e não apenas aos católicos, chaves para compreender a própria existência. Francisco nos desafia, aponta-nos caminhos, e ele mesmo se torna um testemunho de como devemos viver a fé no mundo de hoje. Francisco revela a sede que todos nós temos de que o Reino de Deus aconteça, que a injustiça pereça, que a vida humana seja continuada não simplesmente por mera reprodução, mas também que o humano desenvolva no mundo seu papel central na criação. É preciso ajudar Deus a manter vivo o papel da criação, ser louvor e reverência ao Deus da vida, algo que acontece quando somos aquilo que deveríamos ser, quando nos tornamos aquilo que deveríamos nos tornar. Ao proferir suas palavras na Bolívia, Francisco nos ensina que não estamos sozinhos e que não podemos nos fechar dentro de nós mesmos ou em nossas igrejas, tampouco em nossos esquemas. É preciso que tenhamos a coragem de entrar na dinâmica da renovação, da transformação que começa em nós.

A coragem de Francisco me leva a citar o discurso de Dom Eric de Moulins-Beaufort, arcebispo de Reims e presidente da Conferência Episcopal Francesa, em novembro de 2019, que diz: "uma convicção vive em nós: Jesus veio para 'mudar tudo'... Para fazer todas as coisas novas". E prossegue:

> Jesus não veio para confortar as instituições humanas, mesmo as mais essenciais e nobres; ele veio atrair tudo para ele e fazer tudo desembocar nele. Trabalhar para ele e com ele, portanto, não significará nunca reproduzir o que já existe, tornando-o mais forte, mais firme, com o risco de que isso se torne esmagador. O seguimento de Cristo vem sempre perturbar, sempre nos leva para mais longe ou para mais profundo do que teríamos pensado ir. O nosso papel para nós, bispos, não é, portanto, o de preservar estruturas, é de avançar rumo ao Reino, deixando-nos conduzir por aquele que passa pela morte para nos abrir para a ressurreição.[12]

São profecias como essas que nos animam a acolher e compreender a dinâmica no coração do Papa Francisco, que, pela força da alegria do Evangelho, impulsiona outros bispos, padres, religiosos e religiosas, leigos e leigas, a levar adiante uma verdadeira transformação, na Igreja, na sociedade, no coração do ser humano.

# 10
## *Um papa humano*

Com o título deste capítulo apenas digo que os gestos franciscanos são muito simples, embora custe a cada um de nós nos acostumarmos com eles, já que em nosso imaginário tínhamos a ideia de que um papa é rei, príncipe, imperador. Como achar normal um humano ser carregado em uma cadeira nos ombros de outros seres humanos, acompanhado por grandes abanadores, como vemos nos filmes que retratam os imperadores dos mais variados impérios? Como foi que nossa mentalidade chegou a esse ponto de achar que o vigário de Cristo precisa disso para ser autêntico? Mais uma vez, pela força da cultura, do hábito, neste caso, cultura e hábito religiosos, esse gesto da divindade impõe respeito e pureza tais que faz parecer que nem são humanos, mas intocáveis.

É importante também ressaltar que, na pureza dos corações, esse gesto apenas aparecia como necessário para respaldar o tamanho da devoção que todos temos ao Papa, tudo isso dentro do contexto de uma época que não cabe mais hoje. A velocidade com que o tempo passou é tamanha e nos coloca como juízes de um passado, donos de um presente e sonhadores de um futuro que não sabemos como será. O mais importante é que, em muitos casos, a Igreja já ouviu e sentiu que não dá para continuar carregando algumas tradições, mesmo que elas aparentemente sejam boas, interessantes, esteticamente rebuscadas. Mas também é verdade que a simplicidade e o despojamento, para muitos na Igreja, vieram para ficar. Aí está um dos grandes méritos de Francisco, que nos faz refletir sobre o sentido e a verdadeira necessidade de muitas coisas que fazemos ou praticamos na religião.

Francisco, quando optou pelos seus sapatos pretos, ortopédicos, iguais aos que usava em Buenos Aires havia tanto tempo, revelou somente que ele é um homem de processos, que abre caminhos novos, seguindo a tradição, sem perder sua identidade, sua história e sua personalidade.

Vemos a cada dia de forma mais lúcida que, mesmo tendo a responsabilidade de ser um papa, um pontífice, que rege e preside na unidade uma "monarquia", ele caminha no mundo mantendo a consciência de que não é nada mais que humano. Tais atitudes nos animam a continuar buscando a prática do Evangelho, que nos convida a sermos o último, a renunciar a nós mesmos e cuidar dos vulneráveis – mas não como Super-Homem ou Mulher-Maravilha, e sim humildemente humanos.

Assim, em plena lucidez, Francisco nos ensina a não nos colocarmos no centro daquilo que fazemos, mas a sermos fiéis ao que recebemos como missão: "Nós também precisamos redescobrir a beleza de testemunhar o Ressuscitado, abandonando atitudes egocêntricas, renunciando a nos apropriar dos dons de Deus e não cedendo à mediocridade".[13]

# 11
## *Um papa em saída*

Há quem afirme veementemente que Francisco arrisca sair às ruas de Roma em alguns momentos, vestido como um simples e tradicional padre na cidade eterna. Francisco continua a usar calças pretas por baixo da batina, não seria nada de se admirar que ele completasse seu traje simplesmente com uma camisa preta e saísse para visitar os seus amigos, os pobres. Quando morei em Roma, ao lado da Igreja de Santo Inácio, havia uma senhora que fez a opção de viver na rua, preferindo isso ao conflito com sua irmã, que sempre fazia questão de relembrar. A italiana, decidida, resolveu deixar tudo para ficar ali em frente da polícia municipal, na porta lateral da Igreja de Santo Inácio, e ninguém a convencia a ir para um albergue ou coisa parecida. Certa feita, ela mesma narrou que foi visitada pelo Papa, "mas ele estava vestido de preto", afirmou veementemente, "era ele, não esqueço nunca o seu olhar". Certamente há muitos relatos como esse, mas ninguém tem a prova concreta. Em todo caso, Francisco traz em si abertura suficiente não só para esse feito ser verdade, como também para acalentar dentro de si o desejo de uma Igreja, e não só o Papa, viver uma vida de fé em saída.

Em discurso aos bispos do Celam, em 2013, no Brasil, Francisco afirmou profeticamente não gostar de bispos que vivem como príncipes em seus palácios, ou mesmo bispos que vivem viajando e abandonam sua Igreja e seu povo. Sendo assim, quando Francisco fala e age, ele o faz em nome de uma Igreja Cristocêntrica, pobre e simples, porém dinâmica, criativa e embalada no impulso do Espírito desde pentecostes, quando os discípulos, com Maria, recebem essa força que anima e os envia a anunciar o que eles experimentaram (*Jo* 20,19-23).

Essa força continua empolgando a Igreja até hoje, e cada papa a atualiza dentro de sua realidade e sua época. É a hora de Francisco impulsionar a Igreja a sair de si mesma, deixar de ser eclesiocêntrica e ir em direção ao Cristo. Com a força do Espírito, ele acolhe, acalenta, educa na fé e envia em missão a todos que se aproximam dele em nome de Cristo. Um convite que já nos chega desde o Documento de Aparecida, insubstituível no quesito pastoral, convocando-nos a uma conversão pastoral, espiritual, conceitual e normativa de fato, em todos os lados e sentidos que possamos imaginar.

Ainda no discurso aos bispos do Celam, no Brasil, o Papa Francisco revelou como ele vê a evangelização nos tempos de hoje, e isso mostra o que ele pensa dos leigos e leigas e do clero; ele revela que o grande problema está no modo como nos relacionamos com nossa própria vocação:

> O clericalismo é também uma tentação muito atual na América Latina. Curiosamente, na maioria dos casos, trata-se de uma cumplicidade pecadora: o pároco clericaliza e o leigo lhe pede

> por favor que o clericalize, porque, no fundo, lhe resulta mais cômodo. O fenômeno do clericalismo explica, em grande parte, a falta de maturidade e de liberdade cristã em parte do laicato da América Latina: ou não cresce (a maioria), ou se comprime sob coberturas de ideologizações como as indicadas, ou ainda em pertenças parciais e limitadas. Em nossas terras, existe uma forma de liberdade laical através de experiências de povo: o católico como povo. Aqui vê-se uma maior autonomia, geralmente sadia, que se expressa fundamentalmente na piedade popular. O capítulo de Aparecida sobre a piedade popular descreve, em profundidade, essa dimensão. A proposta dos grupos bíblicos, das comunidades eclesiais de base e dos Conselhos pastorais se coloca na linha de superação do clericalismo e de um crescimento da responsabilidade laical.[14]

Quando nos convoca a sempre olhar a Igreja de modo sinodal, ele não só nos chama à saída, a fugir e evitar todo tipo de clericalismo, como também nos convida a não nos prender aos nossos esquemas, a termos a coragem de profetizar no hoje e no agora aquilo que podemos fazer e ser. No mesmo discurso, o Papa revela o perfil que deve ter o bispo, ao deixar bem claro o próprio modo de proceder: é um perfil muito real e próximo daquilo que ele mesmo viveu em Buenos Aires.

> Ele deve guiar, que não é o mesmo que dominar. Além de assinalar as grandes figuras do episcopado latino-americano que todos nós conhecemos, desejo acrescentar aqui algumas linhas sobre o perfil do Bispo, que já disse aos Núncios na reunião que tivemos em Roma. Os Bispos devem ser pastores, próximos das pessoas, pais e irmãos, com grande mansidão: pacientes e

> misericordiosos. Homens que amem a pobreza, quer a pobreza interior como liberdade diante do Senhor, quer a pobreza exterior como simplicidade e austeridade de vida. Homens que não tenham "psicologia de príncipes". Homens que não sejam ambiciosos e que sejam esposos de uma Igreja sem viver na expectativa de outra. Homens capazes de vigiar sobre o rebanho que lhes foi confiado e cuidando de tudo aquilo que o mantém unido: vigiar sobre o seu povo, atento a eventuais perigos que o ameacem, mas sobretudo para fazer crescer a esperança: que haja sol e luz nos corações. Homens capazes de sustentar com amor e paciência os passos de Deus em seu povo. E o lugar do Bispo para estar com o seu povo é triplo: ou à frente para indicar o caminho, ou no meio para mantê-lo unido e neutralizar as debandadas, ou então atrás para evitar que alguém se atrase, mas também, e fundamentalmente, porque o próprio rebanho tem o seu faro para encontrar novos caminhos.

É um discurso construído na base da confiança e da transparência, corajoso e lúcido, pois ele mesmo sabe das consequências. Sabe que muitos ali podem ter se sentido feridos em sua vaidade, mas é bom também estar ciente de que apenas o fato de estar diante de um papa com todas essas características já deve ser no mínimo questionador do modo de ser e de viver a vocação e a missão na Igreja. Sabe ainda que somos construtores do nosso tempo, da nossa vida, mas também que tudo está nas mãos de Deus, que nos quer livres e em saída em direção ao irmão e à irmã. Tudo isso pensando em alternativas e em uma evangelização criativa e capaz de falar ao mundo uma palavra de esperança, renovação e paz.

# 12
## *Um papa latino-americano*

Os últimos seis papas mais conhecidos, como Pio XII, São João XXIII, São Paulo VI e Paulo I, eram todos italianos; depois de Paulo I, conhecemos São João Paulo II, um polonês. Durante 25 anos, a Igreja caminhou sob o olhar, a força e o vigor de um papa europeu, mas que não era da Itália. Um homem que viveu o tempo do nazismo quando jovem, que trabalhou pesado nas minas de calcário e sofreu muito para manter a fé viva. Quando se tornou papa, ele trouxe consigo sua forma de viver e interpretar a fé, a partir da ótica da luta contra o comunismo. Por outro lado, a mudança foi quase que radical no papado, pela sua capacidade de relações, seu discurso e sua retórica inesquecível. Suas viagens ao redor do mundo, seu modo de aparecer na mídia, cheio de carisma para as grandes multidões, efetivamente deixou a sua marca.

Depois dele, foi eleito Bento XVI, alemão, mais um europeu, com seu modo de falar tímido, concentrado, discreto e intelectual, um professor magistral, um catequista para pequenos auditórios e para um grupo seleto. Por sua eloquência e intelectualidade, como um antigo Padre da Igreja resgatou a evangelização da Europa para o centro; escolheu o nome Bento, representando uma atenção especial à retomada da evangelização da Europa por meio da eloquência e da força das palavras. Acreditando profundamente que esse caminho recolocaria a Europa no caminho do cristianismo, investiu, nas suas catequeses, em mostrar a beleza do cristianismo através das palavras, da intelectualidade. Mas isso, de certo modo, só o fechou em si mesmo e, mesmo muito respeitado e acolhido, não falava ao coração das pessoas. O povo de Deus o respeita até hoje, depois de sua coragem profética e consciente de que não teria mais condições físicas para levar a barca de Pedro. Seu olhar como Papa Bento XVI era um olhar de quem nasceu e viveu na Europa, um alemão que vivenciou o duro período do nazismo e suas consequências inevitáveis.

Chegando a vez do Bergoglio, o que poderíamos esperar? Que ele tivesse como chave hermenêutica, de interpretação, a Europa, a África ou a América Latina? Essa resposta não é tão óbvia assim para alguns, que chegaram a acusá-lo de ser demasiadamente latino-americano? E onde está o erro? Pela sua postura como papa, é nítida a sua clareza de que seu pastoreio é universal. Além disso, seria no mínimo estranho que ele agora, do nada, começasse a agir como europeu, mesmo que tenha raízes italianas. Bergoglio traz consigo o vigor e a força dos latino-americanos, a alegria, a espontaneidade, os sofrimentos, as lutas e o cheiro de povo, porque ele nunca foi diferente quando bispo em Buenos Aires. No período como arcebispo na Argentina, era natural que Bergoglio utilizasse o transporte público para ir a missas e nas visitas a vilas e favelas, na grande periferia da sua arquidiocese. Vale lembrar de sua simplicidade de vida, ele mesmo preparava suas refeições, morava em um espaço pequeno, não em um palácio. Sempre foi simples e discreto no uso dos paramentos religiosos. Porém sua força estava em seu carisma e sua proximidade para com as pessoas que o buscavam em suas necessidades. Uma pessoa que olha a vida a partir desses lugares de muita simplicidade e austeridade certamente assegurou a Francisco um olhar diferenciado. Por isso, pacientemente é hora de concedermos ao profeta da esperança e da misericórdia seu tempo de dar à Igreja uma ótica latina, como os outros deram uma ótica europeia aos seus pontificados. Nada justifica o desejo de alguns em pensar e agir como se a ótica europeia fosse a melhor, mais correta e necessária à fé do povo de Deus espalhado pelo mundo inteiro. Um papa é eleito para ser de toda a Igreja, para que ele traga para a Igreja seu modo de ver e ser, inspirado pelo Espírito de Deus, para anunciar a palavra da salvação de um modo novo, atualizada e ao mesmo tempo a partir de uma realidade concreta, já realizada, que ele experimentou e deu certo. É a experiência do micro contribuindo com o macro, pois todos trazem em si, de modo particular e internamente, o mesmo Espírito, a mesma força e o mesmo objetivo: anunciar a salvação vinda até nós por meio de Jesus Cristo.

Chegou a hora da paciência, de compreender o quanto esse rodízio de continentes pode nos ajudar a renovar todas as coisas, assim como o Cristo fez. A força da nossa cultura deve ser propulsora de outra mais ampla, mais aberta e que impulsione a Igreja em saída, profética, inculturada e, ao mesmo tempo, atenta às alegrias e às tristezas de cada pessoa do nosso tempo.

# 13
## *Um papa membro de uma ordem religiosa*

Seguindo o caminho das surpresas do Espírito, Francisco é religioso, membro da Ordem dos Jesuítas, Companhia de Jesus.

Podemos até nos perguntar: Qual sua principal mensagem à Vida Religiosa Consagrada? "Precisamos de uma nova linguagem, de uma nova maneira de dizer as coisas. Hoje Deus nos pede isto: deixar o ninho em que nos encerramos para sermos enviados".[15] Por que tudo o que já vimos e ouvimos de Francisco ainda não é capaz de mudar a rota de nossa Vida Religiosa? Nossa trajetória religiosa parece-me, em alguns momentos, incapaz de atender aos apelos do Papa, assim como toda a Igreja. Sentimos um ar novo, uma alegria nova, é verdade. É verdade, também, que a Vida Religiosa em muitas partes do mundo é sinal de apaixonamento e abandono nas mãos de Deus. Mas é certo que precisamos de conversão e de mudança de rota em muitos lugares.

A principal mensagem de Francisco não seria uma grande volta e aplicação do Vaticano II, que durante um bom tempo sofreu ataques de vários lados? Em meu modo de entender, o maior presente que recebemos após celebrarmos 60 anos da abertura do Concílio Vaticano II não poderia ser outro: um papa que vive e confia na proposta do Vaticano II, um papa que esteve presente em Aparecida e conhece a fundo a realidade dos pobres da América Latina. Para nós, da América Latina e do Caribe, há muito o que agradecer e celebrar. A Igreja ganha um presente e uma nova oportunidade de celebrar continuamente o Novo Pentecostes acontecido com o Vaticano II. E para nós, consagrados, ter um papa religioso é duplamente exigente. Dentro de nossos carismas, instituições e intuições, precisamos afinar nosso discurso para que este se torne verdadeiro testemunho. Ouvir da mídia, inclusive de pessoas que eram contrárias aos papas, o otimismo em torno do atual papa é, com certeza, um momento de muita esperança para nós. Diria que há também, talvez de modo exagerado, muita expectativa, que é diferente de esperança.

Quando olho para a Vida Religiosa, de forma bem concreta, pergunto-me: além de expectativas e/ou esperanças, quais os pontos concretos que mudaram em nossa comunidade depois da eleição do Papa Francisco?

Acredito que Francisco aponta mudanças para a renovação das pesadas estruturas da nossa Vida Religiosa. Por isso, acredito ser necessário que, como consagrados e consagradas, façamos antes um caminho de conversão, assim como Francisco tem apontado à nossa Igreja.

Será preciso rever as relações de poder entre nós consagrados e consagradas. Como tem sido nossa relação com o poder? Se queremos colocar nossas congregações em saída, é preciso que elejamos homens e mulheres para cargos de governo que tenham um coração cheio de coragem e ousadia para levar adiante um projeto franciscano, que é o projeto de Jesus Cristo. Será necessário, também, rever a relação com o dinheiro, tanto no âmbito da instituição como no âmbito pessoal, quando muitas vezes nos tiram do foco e nos deixam fragilizados na profecia e no testemunho das opções que fazemos. Será que nossa congregação religiosa está direcionada e orientada ao serviço concreto aos pobres? Francisco alertou em vários momentos que a Vida Religiosa deve ser mais leve e mais simples, mais alegre e mais próxima do povo. Será preciso também aprofundar nossa relação com nosso mundo interior, com nossa vida espiritual. Escutamos sempre que o Papa é um homem de oração. Então qual a qualidade de nossa oração pessoal e do nosso silêncio em nossas comunidades quando falamos em oração?

Papa Francisco dá início a uma nova relação com a Igreja Povo de Deus, mas qual seria a mudança mais radical proposta por nós, religiosos, lá onde estamos, para fazer crescer o acesso do povo de Deus a instâncias de "poder", administração e serviço das paróquias, comunidades de base, ou a decisões em obras, instituições? Em quais temas temos investido na formação de uma nova paróquia? Será preciso aprofundar temas como: eclesiologia, cristologia, doutrina social, e documentos como o Documento de Aparecida, *Evangelii Gaudim*, entre outros. Só assim poderemos atualizar o modo de ser Igreja no mundo contemporâneo.

Olhando o testemunho de Francisco, a Vida Religiosa necessariamente deverá se perguntar sobre a mensagem que ela tem transmitido. Pois muitas vezes apenas esperamos pelo Papa, e no cotidiano agimos diferente. Por exemplo, na relação das mulheres com o espaço de decisão na Igreja. A Vida Religiosa precisará se perguntar pela qualidade das relações internas, relações com a hierarquia da própria instituição e entre os próprios membros. Não é difícil encontrar, na Vida Consagrada, realidades de abuso de poder externo e interno, condenando mais uma vez as mulheres a uma postura de silêncio e passividade. Não é regra geral, mas precisaremos colocar luzes sobre isso.

No quesito maturidade, assistimos, em alguns casos, a uma contínua infantilização da Vida Religiosa dentro de nossas casas de formação e comunidades apostólicas, não só nos formando em uma visão muito antiga do corpo e da sexualidade, como também, na área da missão e dos estudos, gastamos muito tempo e dinheiro no entorno de nós mesmos, esquecendo-nos do mundo que nos cerca; o Papa tem insistido que a Igreja não deve ser autocêntrica. Muitos de nós não nos lembramos dessa mensagem, e a comunidade se torna o centro do universo, enquanto Cristo fica para trás.

Esses pontos não pretendem ser receita ou presunção, apenas chamam a atenção para uma realidade que não esgota os problemas da Vida Religiosa, mas revela que algo precisa ser mudado e que necessitamos sair da aparência, optando por seguir o caminho como realmente somos e escolhemos ser. Em muitos momentos nos faltam lucidez, sensatez e discernimento, fazendo com que busquemos caminhos mais práticos, que deixam para trás o que é melhor para o Reino. O pontífice alerta para isso quando nos diz que a prioridade da Vida Consagrada é a profecia do Reino, algo inegociável, e diz também que não devemos brincar de sê-lo, pois essa é uma grande tentação para a Vida Religiosa hoje. O Papa acrescenta que precisamos ser homens e mulheres que iluminam o futuro. "Igreja deve ser atraente. Despertem o mundo! Sejam testemunhos de uma forma diferente de fazer as coisas, de agir, de viver! É possível viver neste mundo de forma diferente".[16]

Como podemos perceber, há muitas mudanças que esperam por nós, e não apenas pelo Papa Francisco. Ele já vive a profecia!

Parece que estamos esperando a mudança vir de cima para baixo, e que a missão de ser profético é apenas dele. Falta-nos uma leveza que nos permitirá caminhar para terras novas, construir a vida nova. Não podemos jogar toda a responsabilidade em um homem que tem a missão de animar, unir e confirmar nossa fé. Ao celebramos a alegria, o desafio e a grande oportunidade que temos neste momento do pontificado de Francisco, pergunto-me se continuaremos em frente à televisão ou ao computador esperando vir do velho mundo, a Europa, a boa-nova, ou se estaremos já construindo, em nossa vida, na simplicidade, no concreto o novo. Ou, até mesmo, se estaremos esperando que o novo brote do velho modelo de fazer as coisas. Sobre isso nos diz o Papa Francisco: "Sede ainda hoje, para a Igreja e para o mundo, postos avançados de atenção a todos os pobres e a todas as misérias materiais, morais e espirituais, como superação de todo o egoísmo na lógica do Evangelho que ensina a confiar na Providência".[17]

Diante dessa inquietante fala do Papa Francisco, pergunto-me se é verdade que queremos transformações, mudanças. Como elas acontecerão, se continuarmos projetando o presente e o futuro olhando para trás? Nossos planos apostólicos e projetos de congregação estão repletos daquilo que não deu certo, apenas foi colocada uma roupagem de novidade, mas que não resiste a um olhar mais atento. Isso logo nos revela o espírito velho e adormecido escondido nas entrelinhas. A Vida Religiosa continua sendo, mais do que nunca, um caminho de esperança e testemunho diante do vazio e dos excessos impostos pelo mundo pautado pelo agora. Ela nos lembra da eternidade e da profundidade que há em nós. Especialmente quando ela é leve e autêntica, profética e corajosa.

# 14
## *Um papa jesuíta*

Francisco é fruto de uma formação humanística e com excelência acadêmica recebida na Companhia de Jesus, da qual sou testemunha, como jesuíta. A formação de cada jesuíta impulsiona, desde cedo, que entrar na Companhia de Jesus é entrar para um corpo apostólico, sob a bandeira da cruz de Cristo, para servir a Ele através da sua Igreja. Recebemos uma formação missionária para que, na hora em que houver necessidade, estejamos prontos e livres para ir aonde for necessário, para ir até as "fronteiras geográficas e existenciais", como nos falaram Paulo VI e Bento XVI. Francisco também é fruto da espiritualidade inaciana, centrada na história da salvação, que busca ordenar nossa vida para melhor servir a Jesus Cristo e seu Reinado. Dessa espiritualidade, Francisco recebeu a disciplina e a capacidade de agir com discernimento, sabendo escutar a voz do Espírito, que age no silêncio de cada pessoa, sendo também capaz de perceber a ação enganosa do mau espírito que nos tenta enganar e levar para a sua bandeira, a bandeira do inimigo de Cristo. Conhecedor do discernimento inaciano, Francisco coloca no vocabulário da Igreja o termo "discernimento", ainda desconhecido para muitos. Sendo assim, ele advoga por uma Igreja capaz de escutar a música do Espírito que ressoa dentro de nós. Quem é capaz de escutá-la, silenciando, será também capaz de se deixar mover e modelar pelas moções do bom espírito, ordenando a vida para a maturidade cristã, que nos convida a participar desse exercício constante e diário de exame da consciência, revelando como Deus age em nós, como Ele passou em nossa vida durante o dia, no cotidiano. Como jesuíta, Bergoglio é um homem chamado à vida interior intensa, porém discreta, sem exageros e sem falsos pietismos, mantendo na alma o fogo que aquece e ilumina o coração. Assim é Francisco, um inaciano, sabedor e conhecedor de como Deus trabalha, sempre, amando-nos e cuidando de nós, salvando a todos aqueles que o procuram com o coração sincero conforme os *Exercícios Espirituais:*

> Considerar como Deus habita nas criaturas: nos elementos, pelo ser; nas plantas, pelo crescimento; nos animais, pela sensação; nos homens, pelo entendimento. E assim sendo, em mim, dando-me o ser, a vida, os sentidos e a inteligência; e ainda fazendo de mim templo seu, já que fui criado à semelhança e a imagem de sua Divina Majestade [...].[18]

Na companhia de Jesus, o modo de governo é muito claro desde as Constituições que nos regem, e nele o superior tem sempre a última palavra. Porém, todos somos chamados ao discernimento, à escuta e à conta de consciência para com o superior provincial, quando for relativo à missão, e também ao superior local, no caso dos jesuítas em formação, ou ao delegado do provincial. Assim, aprendemos desde cedo que a sinceridade na conversa espiritual, a reta intenção na partilha, a abertura sincera e fraterna para com os superiores locais e com o provincial nos levam a discernimentos mais seguros em respeito à missão da Companhia de Jesus e à do próprio jesuíta envolvido no discernimento. Para isso, os superiores provinciais, assim como o superior local, possuem suas consultas. São instâncias nas quais todos os temas são tratados com sinceridade e verdade, levando-nos a confiar cada vez mais na decisão final do superior provincial. Ou seja, é um processo colegiado, em que primeiro acontece a escuta e depois a Consulta do provincial com seus quatro conselheiros, que orientam o provincial na tomada de decisões, ainda que a última palavra e a responsabilidade sejam dele, como superior maior.

Para a escolha de um provincial ou até de um padre geral da Ordem, acontece o mesmo: todos os membros da Ordem participam da construção do processo de eleição, seja direta ou indiretamente. Um segundo passo, no caso do superior provincial, é a convocação de uma consulta em que se trabalha em cima dos nomes mais indicados. O provincial, então, constrói uma lista com três nomes e envia ao padre geral, que decide quem deve ser o provincial local. Já para padre geral, a província indica seus membros participantes da Congregação Geral (CG), órgão máximo da Companhia de Jesus. Todos chegam sem nomes e indicações, e, pouco a pouco, através da *murmuratio*, iniciam-se as conversas entre os padres e irmãos congregados. Depois dessas conversas, acontece o primeiro escrutínio quando aparecem os primeiros nomes, e assim seguem com os escrutínios necessários para a escolha do novo Geral. A ideia central é que aconteça sinodalidade, colegialidade, escuta aprofundada, a construção de perfis, mas sem campanhas ou nomes previamente escolhidos. Foi assim que Bergoglio, que foi mestre de noviços e superior provincial na Argentina, aprendeu bem o significado de um colegiado, de um órgão consultor, bem como do discernimento e da importância de iniciar processos.

Dessa forma, não é difícil entender o modo de agir do Papa Francisco, que logo de princípio cria o G9, um órgão consultivo, e não deliberativo. Não dá para fugir daquilo que somos, e Bergoglio eleito papa é o mesmo Bergoglio de sempre. Dentro dele há o noviço que foi, o mesmo jovem jesuíta em formação que esteve na Irlanda e na Alemanha fazendo seus estudos; ele traz consigo o Padre Jorge, o mestre de noviços, formador jovem de jesuítas, e o provincial Jorge Mario Bergoglio, que, com acertos e erros, realizou sua missão em obediência ao superior geral da Companhia de Jesus, até se tornar bispo em profunda obediência ao Papa, chegou a ser feito cardeal, e hoje é essa pessoa que carrega a missão da Igreja no mundo todo, mantendo as várias vozes que ressoam de sua própria biografia.

Tentamos, assim, compreender e constituir o Papa Francisco, suas opções, suas ações e seu modo de proceder, utilizando-se de todo o cabedal recebido em sua formação e em sua vida de jesuíta, o que também o capacitou a lançar seu olhar e orientação a toda a Companhia de Jesus no momento histórico de hoje. Exemplo disso foi a celebração, em Roma, por ocasião dos 50 anos do Secretariado e Serviço Social e Ecológico da Companhia de Jesus criado pelo Padre Arrupe. As palavras do Santo Padre foram fortes e impulsionadoras, um convite a continuar abrindo horizontes e perspectivas, ou seja, a devolver a esperança, a capacidade de esperar, mas não de modo negativamente passivo, e sim sabendo ser criativos:

> Criem futuro, criem possibilidades, gerem alternativas, ajudem a pensar e atuar de modo diverso. Cuidem de sua relação diária com o Cristo ressuscitado e glorioso e sejam operários da caridade e semeadores de esperança.[19]

Em seguida, Papa Francisco aponta o caminho do encontro com Cristo. De um modo muito claro, ele pediu que tirássemos os olhos daquilo que não é o centro da questão e mostrou que, para encontrar o Senhor, é preciso focar o olhar nos pobres. Também orienta como continuar a missão em tempos de dispersão, ao mesmo tempo que nos diz como os jesuítas podem ajudar a Igreja:

> Nos pobres, vocês encontram um lugar privilegiado de encontro com Cristo. E isso é um precioso presente na vida dos seguidores de Jesus: "receber o dom de se encontrar com Ele entre as vítimas e os miseráveis" e que o encontro com Cristo entre os seus favoritos fortalece nossa fé.
>
> Precisamos de uma verdadeira "revolução cultural", uma transformação da nossa visão coletiva, das nossas atitudes, do nosso modo de perceber a nós mesmos e de nos situarmos no mundo.
>
> Continuem com esse empenho criativo, necessitado sempre de revolução em uma sociedade com mudanças tão aceleradas. Ajudem a Igreja no discernimento que hoje também temos que fazer sobre os nossos apostolados. Não deixem de colaborar entre vocês e com outras organizações eclesiais e civis para sempre ter uma palavra de defesa pelos mais desfavorecidos neste mundo cada vez mais globalizado.[20]

Criar futuro, ajudar no discernimento, enxergar Cristo nos pobres... Aí está o foco da questão e da missão confiada aos jesuítas do século XXI. Nada disso será alcançado se cada um de nós deixar de fazer nossa parte, começando pela mudança interior, escutando e contemplando a realidade que nos cerca, pois nela Deus habita, "o mundo está prenhe de Deus". Porém, se ficarmos olhando somente para nós mesmos, através de nossos espelhos e máscaras, nossa missão fica fragilizada e descomprometida com a profecia.

# 15
## *Um papa jesuíta entre jesuítas*

Um momento histórico para os jesuítas foi o encontro com o Papa Bento XVI no Vaticano, por ocasião da Congregação Geral 35 (CG 35), em 2008, quando o Santo Padre impulsionou a missão dos jesuítas de ir aonde ninguém quer ir, incentivando-nos a ir "além-fronteiras geográficas ou existenciais". Certamente foi um momento de propulsão à missão da Companhia e de confirmação, quando o Papa Bento XVI disse que contava com a missão da Companhia de Jesus.

Após esse evento, anos mais tarde, o Padre Adolfo Nicolás, seguindo o exemplo do Padre Peter Hans Kolvenbach, renunciou ao cargo de padre geral dos jesuítas, depois de oito anos de missão. Apresentadas suas motivações, sua renúncia foi acolhida pela CG 36, reunida na Casa Geral, em Roma, em 2016. Deu-se início, assim, à eleição do novo padre geral por tempo indeterminado, já que o cargo é vitalício, como o do Santo Padre. Desse modo, tivemos dois casos de renúncia de dois padres gerais em pouco mais de 10 anos.

A Congregação Geral foi aberta, e o novo padre geral foi eleito. Para nossa alegre surpresa, foi escolhido o padre venezuelano Arturo Sosa. Ou seja, a CG 36 deu um recado muito claro de que desejava seguir os passos da Igreja, e assim o fez elegendo o primeiro padre geral latino-americano da Companhia de Jesus em seus quase 500 anos de existência.

Agora pairava uma ansiedade no ar: como seria o encontro dele com o Papa, que, por excelência, é o guardião das Constituições da Companhia de Jesus? Pois sabemos que muitos jesuítas professam um quarto voto de obediência especial ao Papa para as missões difíceis que ele demanda. A novidade agora era que, pela primeira vez na história da Igreja, o Papa guardião das Constituições da Companhia era também um jesuíta. Como seria esse encontro? O que será que ele iria dizer? O que ele pediria da Companhia? Tudo isso era parte de um grande mistério, que só foi resolvido com a notícia de que o Papa não ia receber os jesuítas no Vaticano como de costume; ele mesmo iria à Cúria Geral dos Jesuítas na Casa Santo Spirito.

Chegado o grande dia, tudo correu com muita tranquilidade e alegria. O Papa jesuíta estava presente na CG dos jesuítas, falando aos companheiros. Assim aconteceu naquele dia 24 de outubro de 2016: o Papa fez um discurso e, em seguida, sugeriu uma conversa entre irmãos, sem perguntas prévias, queria que fosse tudo espontâneo, e assim aconteceu. Em sua alocução, ele convidou a Companhia de Jesus a "ter coragem e audácia profética".

Perguntado ao Papa como ser profeta com tanta audácia, assim como ele é testemunho de profeta para a Igreja, ele respondeu que a coragem de ser profeta não é somente a de fazer barulho, é preciso saber a hora certa de fazer barulho. É preciso uma "*parresia aggiornada*" (CG 36), a audácia profética de não ter medo, e também discernir sobre onde devemos causar essa audácia profética. Ou seja, aqui ele nos ensina a ter discernimento, a sermos pacientes, sabendo onde comprometer o *magis*, ou seja, a busca do mais, do bem maior, tentando alcançar sempre a maior glória de Deus. Completa o Santo Padre: "Às vezes, a audácia profética se une com a diplomacia, com um trabalho de convencimento e ao mesmo tempo com sinais fortes".

Mais uma vez, ele falou a respeito da falta de discernimento nos seminários, nas casas de formação, em nome de uma teologia moral que ensina que há o "preto e o branco", o que não ajuda em nada, mas fomenta a instauração de maior rigidez. Papa Francisco seguiu dando uma verdadeira aula de como lidar com os desafios atuais e, até mesmo, de como lidar com as críticas. Outra vez voltamos ao tema do discernimento. Ele estava lá, entre jesuítas e irmãos, sendo Bergoglio, sendo Francisco, sendo jesuíta. Foi um encontro memorável e que certamente os que estiveram presentes jamais esquecerão. Seja pelo sinal dado por ele, seja pelo gesto de ter ido até nós, sua presença naquele encontro, com falas simples mas sem fórmulas prontas, convidou-nos a irmos à fonte da espiritualidade inaciana, ao *magis* e ao discernimento dos espíritos.

# 16
## *Um papa profeta da misericórdia*

No seu primeiro livro, *O Nome de Deus é Misericórdia*, Papa Francisco escolheu falar, para surpresa de todos, sobre o Deus da Misericórdia, um tema que nos ajudou a compreender melhor seu pontificado até hoje, bem como o que vem pela frente.

Francisco é um homem convencido de que o caminho da Igreja e do cristianismo deve ser a profecia de Jesus, que nos convida sempre ao perdão, à acolhida, à escuta e ao discernimento. Por isso, na conversa com Andrea Tornielli, publicada nesse livro, Francisco retoma o caminho do Vaticano II ao citar São João XXIII, que afirmou: "A Esposa de Cristo prefere usar o remédio da misericórdia em vez de assumir as armas do rigor".[21]

Para Francisco, está muito certo de que cada ovelha deve ser resgatada, carregada, cuidada. Assim ele enxerga a Igreja e vive a missão. Eu diria que é tudo uma questão de olhar, de como ele olha para o mundo atual e para como deve ser a verdadeira missão. É um olhar de um papa para estes tempos. No livro, o Papa também reitera que a humanidade precisa de misericórdia, porque é uma humanidade que traz em si feridas profundas. E mesmo sem saber como curá-las, ele crê que o caminho da misericórdia possa nos levar à cura, tanto das feridas sociais quanto das interiores.

Assim como Francisco olha para Deus como um pai misericordioso, será necessário que troquemos a lente pela qual também nós, a Igreja, olhamos para o Pai. Há quem diga que a narrativa do Pai Misericordioso é cheia de excessos, já encontrei até cristãos que afirmam não concordar com a atitude misericordiosa do Pai para com o filho; de certa forma, eles estão com razão. O Cardeal Tolentino nos lembra:

> não há misericórdia sem excesso. Se queremos ser pessoas moderadas, se queremos ser apenas justos, se queremos fazer apenas o que está certo, seremos até boas pessoas, mas não conheceremos o Evangelho da Misericórdia. Porque o Evangelho da Misericórdia pede de nós um excesso de amor: que sejamos capazes de abraçar a vida ferida, e que percebamos tudo, sem necessidade de dizer muito.[22]

Desse modo, mudando nossa perspectiva, recuperaremos também a esperança, que parece estar tão esquecida ou desacreditada, como ele diz em seu livro: "a fragilidade do tempo no qual vivemos é também esta: crer que não exista possibilidade de resgate, uma mão que te levanta, um abraço que te salva, te perdoa, te eleva, te inunda de um amor infinito, paciente, indulgente...".[23]

O ministério petrino se ocupou da misericórdia como pastor universal da caridade em suas várias nuances, enquanto os maiores líderes mundiais estão ocupados em condenar, guerrear, destruir em nome do poder e daquilo que é contrário à misericórdia.

O papel e a missão recebidos de Cristo são os de ser casa acolhedora a todos que a buscam. A consciência das faltas, do pecado, dos erros do passado e do presente deve nos conduzir à misericórdia, e não a uma Igreja tribunal, que condena, que julga antes de se compadecer, que não escuta e não chora com o pecador pelos seus pecados e fragilidades. Francisco ressalta ainda que, conscientes da fraqueza, profundamente arrependidos diante de Deus, somos verdadeiramente perdoados, mas devemos buscar, por meio da confissão na Igreja, o sacramento da reconciliação, tão importante para levantar aqueles que estão feridos pelo pecado.

Há quem diga que o termo "misericórdia" está em voga e que agora é usado para tudo, mas que não se pode esquecer que Deus é também justiça. Quem afirma isso não entende o significado de "misericórdia", tampouco o de justiça de Deus. Ao contrário da justiça humana, que é punitivista, a justiça de Deus é salvífica, é um suporte para o humano alcançar a vida nova e a salvação. Não compreende isso quem ainda acha que Deus tem um coração humano, limitado, ferido pelo pecado, incapaz de amar e com sede de vingança. Esse equívoco se ouve hoje com muita facilidade; estamos diante de um problema gerado pela própria Igreja, que é uma catequese racional, cumulativa de informações e nada mistagógica. Isso é refletido em uma oração, uma catequese ou uma liturgia que não ajuda as pessoas a viverem uma experiência de Jesus; ou seja, que não constrói um caminho que nos leva ao encontro com Jesus que seja envolvente, litúrgico e pautado pela atitude que Cristo traz no coração.

Desse modo, será realmente impossível captar a orientação do Papa para a Igreja. Quem estiver fechado em si mesmo, sem o olhar profundo da misericórdia, digo mais, um olhar experimentado em si mesmo, em sua história pessoal de misericórdia, nunca será capaz de compreender os gestos franciscanos cheios de humildade e acolhida. Francisco como profeta da misericórdia nos lembra que "a salvação é gratuita, é dom de Deus, não pode ser exigida pela observância dos mandamentos, e sim pela fé na misericórdia divina. Somente Cristo é o mediador entre a humanidade e Deus, nunca uma norma religiosa".[24]

O ano da misericórdia foi fundamental para a Igreja, abrindo portas de acolhida e perdão no mundo todo, mostrando que toda igreja é misericórdia, não sendo necessário ir a Roma, pois o Papa fez ecoar a abertura da porta santa para o mundo na inauguração do Ano Santo da Misericórdia, realizada na Catedral de Bangui, na República Centro-Africana.

Francisco vai além do que podem os olhos, ele olha com o coração para cada uma de suas ovelhas, é um homem sem fronteiras no coração: "Hoje, Bangui se transforma na capital espiritual do mundo. O Ano Santo da Misericórdia chega antes a esta terra, uma terra que há muitos anos sofre com a guerra, o ódio, a incompreensão, a falta de paz", disse o Papa na ocasião, em 29 de outubro de 2015.

# 17
## *Um papa místico*

Tudo vem de dentro, de sua fonte interior, morada de Deus, casa de oração. Ele nos fala da santidade nos trazendo cada vez mais ao cotidiano, que é onde Deus se manifesta, e não nos quer tirar da nossa rotina, mas nos fazer encontrar nela a presença santificadora de Deus, que nos ama e sustenta. Para Francisco, o fundamental para bem viver a santidade é permanecer centrado e firme em Deus. A partir daí, é possível suportar as contrariedades e as vicissitudes da vida, assim como as agressões alheias, suas infidelidades e defeitos: "Se Deus está por nós, quem pode estar contra nós?" (*Rm* 8,31). Nisso está a fonte da paz que se expressa nas atitudes de um santo. Com base em tal solidez interior, o testemunho de santidade, no nosso mundo acelerado, volúvel e agressivo, é feito de paciência e constância no bem.

Uma vez mais, ele nos convida à paciência, sabendo suportar os desafios e as dificuldades de nosso tempo sem perder o foco e a paz interior. Sua fonte de paz é Deus, e é para ele que se deve voltar o nosso olhar. Francisco traz muito consigo o modo como

Deus nos olha e se manifesta em nossa vida. A intimidade do pontífice com o Senhor se revela nos gestos de amor, afinal, Santo Inácio sempre nos ensina, por meio dos *Exercícios Espirituais* que "o amor deve pôr-se mais em obras que em palavras", ou seja: o amor praticado, amado, vivido. Como também, ao final dos *Exercícios*, Santo Inácio nos mostra um Deus que cuida de nós, que trabalha em nossa vida, que ama e se comunica. Francisco, como um mestre espiritual, foi nomeado mestre de noviços dos jesuítas em Buenos Aires, em 1973. Como mestre, ele dirigiu os *Exercícios Espirituais* por vários anos, na modalidade de 30 dias. Nesses *Exercícios*, é oferecida aos exercitantes a oportunidade de rezar a vida de Cristo, sua encarnação, morte e ressurreição; é uma grande oportunidade de se criar identidade e intimidade com o Senhor, que sempre quer falar e ficar conosco.

Os *Exercícios Espirituais* de Santo Inácio de Loyola nos ajudam a ordenar a vida toda, pouco a pouco, fazendo-nos aproximar mais de Jesus e seu projeto de reinado. Essa oportunidade forma também o interior e a vida de quem está aplicando os *Exercícios Espirituais*, pois, seguramente, quem aplica também recebe de volta para si muitas graças, por aplicá-los e poder escutar a tantas pessoas em direção espiritual. É uma escola de vida e oração.

A formação de Bergoglio acontece de dentro para fora; ele é um homem capaz de silenciar, e isso faz a diferença. O que me chama bastante a atenção, mas que talvez muitas pessoas não percebam, é que, com uma multidão em um momento de audiência pública ou mesmo no Angelus, Francisco não é o mesmo de quando está paramentado para celebrar a eucaristia. Sua feição parece mudar, seus gestos são transformados, não sendo mais possível ver aquele homem alegre, sorridente, de braços abertos, capaz de acolher a todos. Ao contrário, vemos um homem orante, compenetrado, de vistas baixas, inteiramente intenso naquilo que faz, consciente de que está diante do mistério grandioso e da ação do Espírito em nós. Ali, na missa, está o Francisco orante, *in persona Christi*, sem brincadeiras, sem novidades, alguém puro, totalmente compenetrado e mergulhado no mistério.

Não é possível vê-lo nem sequer acenar para alguém, ele passa pela nave central da Basílica vaticana totalmente focado, silencioso, parecendo até, em alguns momentos, estar aborrecido. Mas não se enganem: é pura mística.

Isso tampouco revela bipolaridade, mas sim consciência da responsabilidade daquilo que ele está fazendo como sacerdote que é: "Como o pão e o vinho são convertidos no Corpo e Sangue do Senhor, assim aqueles que os recebem com fé são transformados em Eucaristia viva".[25] Durante a missa, Francisco tem consciência de que o foco deve estar na celebração, uma grande ação de graças ao Pai, pela vida nova que seu filho nos deu e nos dá. Assim, ele não deseja holofotes nem excessos, chegando a expressar, de forma veemente, em uma das suas catequeses na Praça de São Pedro, que se entristece quando vê pessoas na missa tirando fotos, inclusive padres e bispos.

Em outro momento icônico, inesquecível, às vésperas do Natal de 2014, quando ele falou aos cardeais em Roma, especificamente aos que trabalham na Cúria Romana, o Papa profeticamente denunciou o que ele chamou de 15 doenças da Cúria Romana. Para mim, uma das mais impactantes foi o "Alzheimer espiritual", que é quando esquecemos que um dia já fizemos uma experiência pessoal com Cristo. Quando esquecemos a "história da salvação e o primeiro amor", somos levados a um verdadeiro "declínio espiritual", afirmou o Papa. Para ele, há homens que se deixam levar pelo que veem, esquecendo-se daquilo que não veem e que habita dentro de si. Essa denúncia fica ainda mais contundente em relação a cardeais e demais homens de fé, pois revela que deixaram de fora o dono de tudo, para agir em nome próprio. Com leveza e assertividade, Francisco revelou que esse tipo de comportamento transforma nosso coração em pedra, afasta-nos do povo de Deus e de sua missão, fecha-nos em nós mesmos e nos círculos restritos de poder e interesses mesquinhos.

A mística de sua celebração da eucaristia nos revela que cada missa deve ser um momento de oração, assim como a vida. Nossa atitude e nosso testemunho devem ser frutos da vida de oração, do silêncio e do encontro com o mistério e com Deus, mostrando como a oração é, para nós, fundamental e irrenunciável: "A oração não é uma varinha mágica. A oração ajuda a conservar a fé em Deus e a nos entregar a Ele mesmo quando não compreendemos a sua vontade. Nisto, Jesus, que rezava tanto, é um exemplo para nós".[26] A união com Cristo em Cristo é que nos fará vencer a "mundanidade espiritual" de uma fé sem Evangelho, de uma Igreja sem testemunho da caridade e da profecia, de um Jesus ressuscitado sem Cruz, de um cristianismo sem Cristo.

# 18
## *Um papa dos pobres*

Francisco me faz lembrar o papa diácono de Roma, São Gregório. Um homem sensível aos pobres, que passou a vida servindo aos sofredores de Roma. Tive a oportunidade de conhecer a Igreja de São Gregório em Roma onde está a mesa em que comiam os pobres. Podemos dizer que Francisco é o papa diácono dos dias de hoje, o servidor, a voz que se levanta no deserto, enquanto estamos colados à tela de nosso celular e nosso televisor, ele está com o rosto e o olhar voltados para os preferidos de Jesus.

Quebrando tabus constantemente, o papa diácono atual ajudou a Cúria Romana a visualizar como deve ser um papa na contemporaneidade, passando de um pontífice com ares de imperador a um papa servidor. Francisco abriu as portas aos pobres, dando a oportunidade de criar relações diretas com os descartados da sociedade; tirou-os da invisibilidade, ao trazê-los para dentro do Vaticano para almoçar, para celebrar seu aniversário, para ouvir boa música, para rezar. Mais que nunca, os pobres foram atraídos às colunatas da Basílica, pois sabiam que ali teriam abrigo, e o papa não os defraudou.

O pontífice criou casa de acolhida e alimentação, barbearia e banho, distribui cobertores, instalou posto de saúde na Praça de São Pedro, disponibilizou carros do Vaticano para que os pobres tivessem onde dormir em noites gélidas, especialmente para aqueles que não queriam se distanciar de seus pertences e ir a um abrigo. E tudo isso ali nos arredores do Vaticano, para que nunca mais ninguém se esquecesse da preferência de Jesus pelos pequenos e abandonados. Levou os moradores de rua ao cinema, à praia, ao Museu Vaticano. Sentou à mesa com eles e os serviu com carinho e cuidado de pai. Entre os anciões, era um deles, nada era diferente, nem mesa, nem cadeira, nem a comida; e nessa hora se revelava sua verdadeira riqueza. Criou o Dia Mundial do Pobre e lança, anualmente, uma carta para a celebração dessa data na Igreja.

Na mensagem para o ano de 2019, ele nos diz:

> "A Esperança dos pobres jamais se frustrará" (*Sl* 9,19). Passam os séculos, mas permanece imutável a condição de ricos e pobres, como se a experiência da história não nos ensinasse nada. Assim, as palavras do salmo não dizem respeito ao passado, mas ao nosso presente submetido ao juízo de Deus.

Ao final, Francisco afirmou às comunidades:

> A todas as comunidades cristãs e a quantos sentem a exigência de levar esperança e conforto aos pobres, peço que se empenhem para que este Dia Mundial possa reforçar em muitos a vontade de colaborar concretamente para que ninguém se sinta privado da proximidade e da solidariedade.

Esse é Francisco, capaz de inserir na dinâmica do cotidiano litúrgico, social ou estrutural da Igreja o amor e o carinho pelos mais fracos, fazendo com que não consigamos seguir adiante sem observarmos atentamente a realidade que nos circunda e desafia constantemente. Não dá para sequer fazer de conta que tudo está bem, pois dominicalmente, da janela do seu escritório, Francisco grita ao mundo sua solidariedade e a importância que os pobres têm para o Evangelho de Jesus Cristo e para a Igreja. Seu desejo é de que cresça em nós a capacidade de olhar ao redor e sentir o que Jesus sentia e agir como ele agia.

É impossível não se lembrar de uma vez que, ao se dirigir a uma paróquia romana, Francisco pede para que parem o carro e, em seguida, entra em um conjunto de casas muito pobres em uma área marginalizada na cidade. Ali estavam muitos latinos, todos estrangeiros, todos pobres. Conversou, acariciou, deixou-se tocar por eles, rezou um Pai-Nosso e se foi para a missa que logo iniciaria em outro bairro.

O papa diácono dos nossos tempos leva a Igreja a um *mea culpa* e, ao mesmo tempo, a um exame de consciência diário, ajudando-nos a refletir a respeito de nosso papel na transformação da sociedade e da Igreja. O Papa nos leva pelo caminho da conversão ao Evangelho e a Jesus Cristo.

Nesse trajeto, ele tem levantado a voz em favor dos que falam e gritam, mas são excluídos, levam uma vida invisível e carregam uma profunda espera por mudanças e transformações sociais que devolvam a vida a cada um deles. Francisco várias vezes levantou a voz para denunciar a corrupção, a morte, a violência, a ganância e o desprezo causado pelo sistema econômico que gera mais morte, movido fundamentalmente pelo lucro e pelo dinheiro. Francisco também é corajoso e destemido ao denunciar tudo aquilo que gera a morte e a pobreza de irmãos e irmãs:

> Assim como o mandamento "não matar" põe um limite claro para assegurar o valor da vida humana, assim também hoje devemos dizer "não a uma economia da exclusão e da desigualdade social". Essa economia mata. Não é possível que a morte por enregelamento dum idoso sem abrigo não seja notícia, enquanto o é a descida de dois pontos na Bolsa. Isso é exclusão. Não se pode tolerar mais o fato de se lançar comida no lixo, quando há pessoas que passam fome. Isto é desigualdade social. Hoje, tudo entra no jogo da competitividade e da lei do mais forte, onde o poderoso engole o mais fraco. Em consequência dessa situação, grandes massas da população veem-se excluídas e marginalizadas: sem trabalho, sem perspectivas, num beco sem saída. O ser humano é considerado, em si mesmo, como um bem de consumo que se pode usar e depois lançar fora. Assim teve início a cultura do "descartável", que aliás chega a ser promovida. Já não se trata simplesmente do fenômeno de exploração e opressão, mas duma realidade nova: com a exclusão, fere-se, na própria raiz, a pertença à sociedade onde se vive, pois quem vive nas favelas, na periferia ou sem poder já não está nela, mas fora. Os excluídos não são "explorados", mas resíduos, "sobras".[27]

Como podemos seguir vivendo o Evangelho sem levar verdadeiramente em consideração a voz de Francisco? Que denuncia desde Lampedusa, no início de seu pontificado, naquele lugar de descarte humano, de pobreza e humilhação do ser humano, da raça humana. Francisco gritava ao mundo que não poderíamos nos deixar cair na globalização da indiferença que matava irmãos e irmãs. Aquela missa em Lampedusa, celebrada sobre um altar, com báculo, ambão e cálice construídos com pedaços de madeira dos barcos naufragados, que levaram irmãos e irmãs à morte, foi para toda a Igreja um sinal visível de que estávamos vivendo algo impensável.

Ali estava a carta magna de Francisco, ali ele certamente dizia a toda a Igreja que algo estava errado, mas que agora seria um tempo novo, de horizontes novos. Francisco, naquele dia, tomou a Igreja pelas mãos e deu nela uns solavancos. Para isso não foram necessários concílios, nem sínodos, nem reuniões, bastou apenas se deixar conduzir pelo Espírito que o levou a assumir aquela missão. Para bom entendedor, poucas palavras bastam.

> Senhor, nesta Liturgia, que é uma liturgia de penitência, pedimos perdão pela indiferença por tantos irmãos e irmãs; pedimo-Vos perdão, Pai, por quem se acomodou e se fechou no seu próprio bem-estar que leva à anestesia do coração; pedimo-Vos perdão por aqueles que, com as suas decisões a nível mundial, criaram situações que conduzem a estes dramas. Perdão, Senhor!
>
> Senhor, fazei que hoje ouçamos também as tuas perguntas: "Adão, onde estás? Onde está o sangue do teu irmão?".*

---

* Final da homilia do Papa Francisco em Lampedusa, em 8 de agosto de 2013.

# 19
## *Um papa da juventude*

A característica mais impactante de Francisco é sua linguagem. Ele consegue falar pouco, mas de modo impactante e ao alcance de todos: adultos, jovens, reis, cardeais, bispos, pais e mães de família. Seus gestos também são uma linguagem poderosa, que chega antes das palavras.

Vale lembrar que seu primeiro teste com uma multidão de fato, depois da sua nomeação e missa de posse, foi justamente a vinda ao Brasil para a Jornada Mundial da Juventude (JMJ), em 2013. Em Copacabana, no Rio de Janeiro, a Igreja jovem mostrou seu rosto universal, e Francisco se sentiu em casa. Era impossível ver a areia da praia, também não se via o asfalto de toda a orla, tudo estava tomado de jovens de todos os cantos do mundo. Foi uma grande prova para o início de sua vida como chefe da Igreja Católica. Os jovens tinham desejo de ouvi-lo e de estar perto.

Na praia, Francisco fez silenciar a multidão, convidando à oração – parecia que ele estava ali sozinho. Francisco convidou a todos também para colocarem Cristo em suas vidas:

> Por isso, hoje, digo a cada um de vocês com força: "bote Cristo" na sua vida, e você encontrará um amigo em quem sempre confiar; "bote Cristo", e você verá crescer as asas da esperança para percorrer com alegria o caminho do futuro; "bote Cristo" e a sua vida ficará cheia do seu amor, será uma vida fecunda. Porque todos nós desejamos ter uma vida fecunda, uma vida que dá vida aos outros! [28]

Nas Jornadas Mundiais da Juventude, tanto no Brasil como na Polônia, Francisco transmitiu com intensidade a mensagem do Evangelho da misericórdia. No Rio de Janeiro, ele incitou os jovens a sair pelas ruas e fazer barulho. Chamou a juventude para criar redes que transmitam com alegria e "bagunça" o testemunho de ser de Cristo. Foi um convite a jovens a construir a verdadeira revolução da ternura.

Ao mesmo tempo, Francisco imprime ritmo no coração dos jovens quando deixa claro que o papel de cada um é não perder a esperança; pelo contrário, é preciso, passo a passo, buscá-la e encontrá-la, e não ficar esperando que aconteça algo sem a sua participação e envolvimento; que não sejam apáticos:

> Através de vocês, entra o futuro no mundo. Também a vocês, eu peço para serem protagonistas desta mudança. Continuem a vencer a apatia, dando uma resposta cristã às inquietações sociais e políticas que estão surgindo em várias partes do mundo. Peço-lhes para serem construtores do mundo, trabalharem por um mundo melhor. Queridos jovens, por favor, não "olhem da sacada" a vida, entrem nela. Jesus não ficou na sacada, mergulhou... "Não olhem da sacada" a vida, mergulhem nela, como fez Jesus.[29]

Estive na Jornada da Polônia e assisti a ele perguntar aos jovens se queriam ser a esperança do futuro. Para isso, havia duas condições: fazer memória do passado e coragem do presente. Ele inspira muitos jovens, com docilidade e muita lucidez, e não deixa ninguém de fora. Em seu discurso, ele sabe valorizar cada detalhe, cada pessoa, cada pergunta, cada olhar.

O Sínodo da Juventude foi um exemplo de como o Papa deseja estar cada vez mais conectado com o mundo atual. Afinal, ele, como pastor, sabe muito bem as dores e as alegrias de ser jovem em pleno século XXI. Percorrendo as ruas, a cidade, os bairros, ele sempre esteve onde o povo estava, por isso para ele é fácil, hoje, pensar e falar de e com os jovens, por exemplo.

Sua mais bela mensagem é a vitória de Cristo sobre a morte: "Cristo vive: é Ele a nossa esperança e a mais bela juventude deste mundo! Tudo o que toca torna-se jovem, fica novo, enche-se de vida".[30] Essas foram as primeiras palavras de Francisco aos jovens no Documento final do Sínodo para a Juventude realizado em Roma em 2018. Os jovens veem Francisco como alguém que está com eles, e essa era a sensação durante as jornadas; certamente a mesma sensação de quem participou do encontro. Ele deixa claro que a Igreja necessita dos jovens, precisa da energia e do modo jovem de sentir e compreender.

A coragem de falar deve corresponder à humildade de escutar. Como disse Francisco aos jovens na Reunião Pré-Sinodal: "se [alguém] falar de algo que não gosto, ainda o devo ouvir melhor; pois cada um tem o direito de ser ouvido, como cada um tem o direito de falar". Essa escuta aberta requer coragem para tomar a palavra e fazer-se voz de tantos jovens no mundo que não estão presentes. Uma escuta que abre espaço ao diálogo. Antes de tudo, o sínodo deve ser um exercício de diálogo entre os participantes. E o primeiro fruto desse diálogo é abrir-se à novidade, estar pronto a mudar de opinião em face daquilo que ouviu dos outros.

A humildade dele contagia, e sua presença incomoda apenas os que já se incomodavam com ele, porque, de fato, Francisco não nasceu para passar despercebido em nada do que faz. Ele é impactante. E nos ajuda hoje a sermos "diplomatas". Esse é Francisco, o papa da juventude. Nesses eventos da Jornada, ele fala aos jovens, aos bispos e aos cardeais, e o que ele diz atinge todos:

> Deixemos para trás preconceitos e estereótipos. Um primeiro passo rumo à escuta é libertar as nossas mentes e os nossos corações de preconceitos e estereótipos: quando pensamos já saber quem é o outro e o que quer, então teremos verdadeiramente dificuldade em escutá-lo seriamente.[31]

Assim, Francisco alcança o objetivo do sínodo, o exercício de escutar. E a função do sínodo é assessorar o papa, fazer com que ele possa discernir sobre algum tema, mas não sem ouvir ou dialogar com vozes tanto assonantes quanto dissonantes. Sua postura e seu exemplo têm peso e são considerados entre todos justamente por sua postura moral e equilibrada, o saber escutar, o saber esperar – um aprendizado paciente!

# 20

## *Um papa que chora*

A delicadeza de Francisco é impressionante, ele é um homem de muitas intuições. Para o Papa, porém, não bastam as palavras. Inaciano que é, sabe bem o que significa a célebre frase de Inácio de Loyola na "Contemplação para alcançar amor", nos *Exercícios Espirituais*, quando ele afirma que "o amor deve pôr-se mais em obras que em palavras". E, para Francisco, chorar é uma obra. Em vários momentos, vemos o pontífice falar ou mesmo testemunhar a importância de saber chorar com os outros e como isso nos faz mais humanos e mais próximos dos demais.

Recordemos alguns momentos emocionantes de Francisco, como quando ele voltava de Mianmar e Bangladesh e afirmou aos jornalistas que chorou ao ouvir o testemunho de alguns refugiados rohingya.

Vale também lembrar um dos mais tocantes momentos de Francisco: em visita a uma de suas paróquias em Roma, após ouvir vários testemunhos e perguntas, um menino o aborda, fazendo uma pergunta que o paralisa. Francisco reponde "eu não consigo" e começa a chorar. Imbuído de toda a delicadeza que alguém pode ter, Francisco acolhe o pequeno Emanuelle em seus braços, e a criança sussurra no ouvido do Papa: "Será que o meu pai está no céu?". O pai de Emanuelle havia morrido pouco tempo antes e era ateu. Depois de um abraço muito afetuoso, Francisco afirma: "Quem dera todos nós pudéssemos chorar como Emanuelle quando temos uma dor como ele tem em seu coração. Ele chorou por seu pai e teve a coragem de fazer isso na nossa frente, porque em seu coração há amor por seu pai". A dor daquela criança estava muito bem representada em suas lágrimas, e Francisco sempre diz que chorar nos coloca na dor de quem sofre. Certa vez, na missa da Capela de Santa Marta, no Vaticano, em 2018, o Papa clamou: "que nós possamos chorar: pelos nossos pecados e por tantas calamidades que provocam sofrimento ao povo de Deus e aos filhos de Deus".

Outro momento muito difícil de esquecer aconteceu em um encontro com 30 mil universitários em Manila, nas Filipinas. Dessa vez, uma menina de 12 anos é quem faz uma pergunta emocionante ao Papa: "Por que Deus permite que essas coisas aconteçam, inclusive se não é culpa das crianças? E por que só algumas pessoas nos ajudam?". Quando terminou, o rosto dela se cobriu de lágrimas, a ponto de soluçar. O Papa deixa de lado a resposta previamente escrita e começa a conversar com todos, de um modo muito profundo e forte, comovendo os presentes. Disse o Papa após a pergunta de Glyzelle: "Ela hoje fez a única pergunta que não tem resposta, e as palavras não foram suficientes, então precisou dizê-las com lágrimas. Quando nos fizerem a pergunta sobre por que as crianças sofrem, que nossa resposta seja o silêncio ou as palavras que nascem das lágrimas".[32]

Em seguida, um jovem de 14 anos pergunta ao Papa sobre as crianças abusadas, pobres, que moram nas ruas. Visivelmente emocionado, o pontífice afirma: "Certas realidades da vida só podem ser vistas com os olhos limpos pelas lágrimas... Se vocês não aprendem a chorar, não serão bons cristãos".

Fora de contexto, porém, chega a parecer que Francisco está falando de lágrimas somente, mas ele está apenas nos fazendo recordar os Evangelhos. Jesus, mesmo em sua compaixão, uniu-se às dores e lágrimas de tantos sofredores do seu tempo. Os Evangelhos não relatam isso com detalhes, mas em muitos momentos dizem categoricamente que Jesus encheu-se de compaixão. E chegou a chorar, ao saber da morte do seu amigo Lázaro, quando esteve em casa de Marta e Maria:

> Quando, porém, Maria chegou onde Jesus estava e o viu, lançou-se aos seus pés e disse-lhe: Senhor, se tivesses estado aqui, meu irmão não teria morrido! Ao vê-la chorar assim, como também todos os judeus que a acompanhavam, Jesus ficou intensamente comovido em espírito. E, sob o impulso de profunda emoção, perguntou: Onde o pusestes? Responderam-lhe: Senhor, vinde ver. Jesus pôs-se a chorar. Observaram por isso os judeus: Vede como ele o amava! (*Jo* 11,32-36).

Mas não ficou só aí, nos Evangelhos encontramos outras duas ocasiões em que Jesus chorou, revelando sua capacidade de se colocar no lugar dos outros:

> Aproximando-se ainda mais, Jesus contemplou Jerusalém e chorou sobre ela, dizendo: Oh! Se também tu, ao menos neste dia que te é dado, conhecesses o que te pode trazer a paz!... Mas não, isso está oculto aos teus olhos (*Lc* 19,41-42).

> Nos dias de sua vida mortal, dirigiu preces e súplicas, entre clamores e lágrimas, àquele que o podia salvar da morte, e foi atendido pela sua piedade (*Hb* 5,7).

Jesus revela, assim, sua sensibilidade profundamente humana e nos ajuda a ser mais humanos também. Longe de considerar sensibilidade como fragilidade, o Papa nos ajuda a entender o próprio exemplo de Jesus, que diz: "Quando sou fraco é que sou forte" (*2Co* 12,10).

Parece que encontramos a fraqueza de Francisco: o sofrimento humano. Ele não suporta, ele chora, ele profetiza, ele se envolve, sendo capaz de gestos tão simples e revolucionários como telefonar pessoalmente para vítimas de sofrimentos, simplesmente para "chorar" com elas. Por que será que atitudes que deveriam ser tão corriqueiras se tornam quase que um escândalo? Será que, para ser papa, é preciso ter coração de pedra? É preciso manter a compostura e não apresentar franquezas?

Diante de nós, vemos um homem de grande porte, um homem que é capaz de chorar e sofrer com quem sofre, demonstrando fenomenal empatia, levando-nos a sonhar com um cristianismo mais enraizado nos Evangelhos e no testemunho mesmo de Cristo, como fazem os profetas, os mártires e os santos.

# 21
## *Um papa que se humilha*

Francisco sabe a hora certa de chocar e como deve impactar. Aos poucos, ele vai se revelando um verdadeiro estrategista. Certamente, alguns momentos de sua trajetória como papa ficarão marcados na história.

**a.** Encontro com o patriarca de Moscou, em Cuba. Depois de quase mil anos do último encontro, os dois papas oferecem ao mundo esse exemplo de união, que possivelmente em médio ou longo prazo gerará unidade. Diante dos olhos da humanidade estavam Papa Francisco e Kirill, dando um exemplo de tolerância e fraternidade, mostrando que a religião é caminho de salvação e não deve ser lugar para condenações.

**b.** Em 2019, Papa Francisco surpreende ao se abaixar e beijar os pés de lideranças africanas do Sudão do Sul durante um encontro em Roma. O gesto deixou todos impactados, pois aquele ancião curvado, beijando os pés das pessoas, tendo um assistente como suporte para se levantar, era o chefe da Igreja Católica, mais uma vez suplicando pela paz. Aquele gesto se espalhou pela mídia e, ao mesmo tempo que era assustador, era também muito impactante, difícil de assistir. Mas foi real. Aquele homem deixava claro que pela paz valia tudo; por ela, ele estava disposto a qualquer ato de humildade, ou mesmo humilhação.

**c.** É também preciso dizer da vez em que Francisco, em uma prisão romana, curvou-se e lavou os pés de algumas pessoas, entre elas, mulheres muçulmanas. E isso em um período no qual a sociedade europeia estava se voltando mais intensamente contra tantos refugiados, imigrantes. O gesto de humilhação facilmente se confunde com a humildade, e Francisco parece saber lidar bem com ele, revelando-nos a altura de que ele é capaz de saltar.

Os gestos de humilhação que Francisco enfrentou e praticou nos levam a contemplar o rosto de um mártir ainda vivo. Isso o fortalece, e seguramente ele sabe disso e está conectado com tudo o que está acontecendo. A grande e injusta campanha internacional contra seu pontificado nas redes sociais, por parte de católicos especificamente, leva-nos a crer que há muitas forças por detrás desses ataques, forças que simplesmente não suportam ver o Evangelho acontecer. Afinal, muitos corações são movidos por interesses escusos, jogos de poder, ganância.

A humilhação de um papa convidando à paz, em alguns momentos parece insuportável, especificamente para aqueles que jogam com a falta de informação e de delicadeza, e até a falta de educação e de civilidade. É mais fácil idolatrar um homem que se permite idolatrar, mantendo a imagem de alguém indestrutível, infalível, do que reconhecer o mérito de um homem claudicante, vestido de branco, que se ajoelha diante de todos em um confessionário e pede perdão pelos seus pecados. É sem volta o caminho que Francisco tomou. Sua espera e sua sabedoria de aproveitar o tempo o levam cada vez mais aos livros de história como um papa da pós-modernidade, que enfrenta momentos de crise sem perder de vista seu papel na Igreja e no mundo. Não estamos acostumados a imagens como essas, o corriqueiro na vida de Francisco é viver com intensidade o cotidiano. Sua força extraordinária está no tempo que ele acalenta dentro do coração. Ele não tem o tempo como inimigo, pois cada gesto e cada encontro são revolução.

Mesmo que ele tenha chegado como um papa reformador, ele leva a reforma a seu passo e ao tempo do Espírito. Não se preocupa em correr para agradar a ninguém e mostra que tem consciência de sua missão. Assim, ele pode agradar e desagradar conservadores e progressistas, pois seu ritmo vai de acordo com o que experimenta no coração e ao contemplar a realidade. E ele sabe dos perigos dos dias atuais, por isso também se submete a humilhações públicas, como os ataques daqueles que deveriam apoiá-lo – alguns cardeais especificamente. Mas tudo isso o leva a continuar buscando o caminho do Espírito. Entre humilhações e apoio, ele segue sua reforma principalmente através de seus gestos. De modo incontestável, Francisco segue construindo esperança.

# 22
## *Um papa universal*

Francisco é universal. Ele tem um olhar amplo no sentido de ter muito claro seu lugar e seu papel na história atual da Igreja. Por isso mesmo, ele arrasta a Igreja para as fronteiras, arrisca-se no jogo e, a cada instante, faz um lançamento querendo acertar. O olhar dele é astuto, sua capacidade de se colocar no lugar do outro e sua empatia são fenomenais.

A capacidade que ele tem de envolver as pessoas nos faz perceber que o tempo passa e não podemos ficar para trás. Francisco agigantou-se quando tomou o caminho da discrição ao mesmo tempo que entrou para o cenário internacional, quando utilizou de sua importância diplomática para suplicar e alertar o mundo sobre as questões agendadas no interesse dos poderosos. Estas afetam diretamente os pequenos e os pobres, que muitas vezes não sabem ou não têm condições de refletir sobre a causa de estarem naquela situação.

Francisco se agigantou logo no começo do seu papado, quando grandes chefes de Estado, como Donald Trump, deram início a sua escalada de apequenamento diante do mundo ao confrontar a agenda da vez, a agenda do coração do papa: os pobres, os refugiados, os imigrantes – os estrangeiros. Vale dizer que o presidente dos Estados Unidos não é o único na contramão da agenda do Papa Francisco, uma vez que, de sua janela no Vaticano, tem gritado ao mundo sua luta contra as armas, a fome, a intransigência e a guerra.

O agigantamento do pontífice se dá também por sua capacidade de utilizar a Cúria Romana como meio de chegar aonde quer, e não como fim. Francisco não sente amores pela burocracia, pelo contrário, é um homem livre de estruturas e puxa-saquismos.

Quem não se lembra do encontro de paz que aconteceu nos jardins do Vaticano em junho de 2014 com as autoridades da Palestina e de Israel, no qual o ancião de branco ajudava a perceber que a barreira ideológica pode ser muito grande, mas que não é intransponível? Dia memorável, tenso, emocionante e utópico. Ao citar esse encontro, recordo aqui algumas palavras de Francisco em discurso no Cairo, Egito, na Conferência Internacional em Prol da Paz, em 28 de abril de 2017:

> Há três diretrizes fundamentais que, se forem bem conjugadas, podem ajudar o diálogo: o dever da identidade, a coragem da alteridade e a sinceridade das intenções. O dever de identidade, porque não se pode construir um verdadeiro diálogo sobre a ambiguidade nem sobre o sacrifício do bem para agradar ao outro; a coragem da alteridade, porque quem é cultural ou religiosamente diferente de mim não deve ser visto e tratado como um inimigo, mas recebido como um companheiro de viagem, na genuína convicção de que o bem de cada um reside no bem de todos; a sinceridade das intenções, porque o diálogo, enquanto expressão autêntica do humano, não é uma estratégia para se conseguir fins secundários, mas um caminho de verdade, que merece ser pacientemente empreendido para transformar a competição em

> colaboração. [...] Que se levante o sol de uma renovada fraternidade em nome de Deus e surja desta terra, beijada pelo sol, o alvorecer de uma civilização da paz e do encontro.[33]

A força de suas palavras e gestos está voltada para tudo o que for de ajuda para o bem comum. O diálogo e a unidade, para ele, são caminhos insuperáveis. A força de sua fala é a mesma fora e dentro da Igreja, e nos ajuda a tomar o mesmo caminho, que é o do Cristo.

Por isso, Francisco já faz parte da história como um papa universal, pois seu olhar vai longe, valorizando os invisíveis e os descartados de uma sociedade capitalista, desnorteada e enferma, preocupada somente com o lucro e com o capital, que marginaliza e mata os preferidos do Evangelho. Ele continua pedindo e implorando a paz, o perdão, o fim da guerra, a misericórdia e o abandono de tudo o que nos leva a essas atitudes.

Tais prerrogativas servem também para o processo da reforma da Igreja, tão cara no coração de Francisco. Tudo está acontecendo de modo paciente, ao mesmo tempo que é conduzido de um modo que agiganta ainda mais o pontífice, que sabe esperar e respeitar processos. Só será capaz de fazê-la quem tiver um olhar amplo, quem souber olhar além, sem medo de colocar a pessoa certa no local certo e pelo tempo certo.

A ascensão de Francisco não acontece por vaidade ou pelo posto que ocupa, afinal, o homem mais "poderoso" da Igreja está a todo instante tentando agir normalmente, com tranquilidade, fugindo dos tronos e dos exageros. A dinâmica funciona de modo diferente no coração de Francisco. Esse agigantamento nada mais é que uma metáfora, na qual quanto mais ele cresce, mais deseja descer, apequenar-se. Para mim, o que o tornará inesquecível e grande é a forma humilde como ele busca revelar Jesus a todos.

# 23
## *Um papa à frente do seu tempo*

Francisco, por meio de dois atos discretos, revelou o que seria inimaginável em outros momentos da história da Igreja. Não faço juízo dessas atitudes de Francisco, mas afirmo que ele, no mínimo, foi corajoso. O primeiro desses atos foi receber, na Casa Santa Marta, Daniel, um homem trans, e sua companheira. E posou para fotos com eles, em plena audiência no Vaticano. Estaríamos sonhando?

Confesso que, para mim, como jesuíta, foi uma das fotos e um dos momentos mais impactantes de seu pontificado, mas que demonstra sua capacidade de empatia e de diálogo, de escuta, de olhar para outras realidades e aprender com elas, independentemente de credo, sexo ou religião. Sem dúvida, entre os últimos papas modernos, Francisco é o mais ousado e corajoso, livre de julgamentos e despreocupado com o que as pessoas vão falar.

Mas, é importante ressaltar, seus gestos não passam indiferentes à opinião pública. Mesmo sem publicidade ou holofotes, a foto compartilhada pelo casal confirmou o encontro, talvez o mais emblemático de Francisco no Vaticano. A história de dor e sofrimento daquelas pessoas recebeu, sem dúvida, um belíssimo conforto e consolo do Papa, que é pai e que acolhe, assim como faria Jesus, a exemplo do Pai misericordioso (*Lc* 15,11-32). A empatia e a escuta são gestos profundamente cristãos.

Em 23 de setembro de 2015, outro encontro memorável e alentador foi o de Francisco com um ex-aluno argentino e seu namorado, durante sua visita apostólica aos Estados Unidos. Mais uma vez, quero ressaltar, para além de toda a polêmica, o acolhimento do amigo, que não faz distinção de pessoas. A acolhida e a escuta devem permanecer como o foco, e não o julgamento acerca da vida pessoal daquele rapaz.

São esses momentos que geram esperança de que algo mudou na Igreja e no papado. Mesmo que um dia outro papa, com outro estilo e modo de ser, seja eleito à cátedra de Pedro, uma coisa é certa: esses são gestos inesquecíveis, que não serão apagados da história da Igreja, quer concordemos com Francisco, quer não.

Seu impacto pode ser sentido por meio das rejeições ou do partidarismo de muitos fiéis que preferem o retorno à "grande disciplina". Mas a primavera na Igreja pode ter chegado para ficar, a leveza e algumas vozes já começam a se levantar, trazendo alento e boas expectativas para o futuro que se aproxima. A Igreja franciscana já é realidade e sempre existiu, mesmo antes de Francisco, nas sementes plantadas por bispos, religiosos e religiosas, padres e profetas que sustentaram firmemente a caminhada, mesmo sem apoio e compreensão por parte da hierarquia, a ponto de sofrerem rechaço e ostracismo, mas nunca perdendo a esperança.

Os testemunhos foram dados, os pobres foram confortados, os famintos foram alimentados, os cegos enxergaram. Agora sentimos que a prática cristã do Papa Francisco nos aponta para uma prática cristã cheia de Evangelho e que começa dentro de nós.

Francisco está muito à frente da Cúria Romana em seu modo de pensar e agir; à frente de muitos da hierarquia, pois ele veio da base, dos pobres, das favelas, dos abraços e apertos de mão, comprometido com a vida e com a luta por mais vida em plenitude. Ele sabe, porém, que a sua presença teve data de início e terá data de fim, e portanto não está apegado ao cargo ou a ideologias. O que ele defende e prega é o Evangelho e a continuação da aplicação do Concílio Vaticano II. Francisco é filho do Vaticano II e não esconde isso de modo algum, pelo contrário, esse é um dos pilares que sustentam seu modo de ser padre, pai, bispo.

# 24

## *Um papa que traz leveza*

A sensação que nos invade ao ver ou mesmo escutar algo por parte do Papa Francisco é de leveza. Seu posicionamento diante do mundo, da realidade e das pessoas nunca é de estar em uma batalha contra seus inimigos. Ele está preocupado com as pessoas, buscando saber como elas vivem e como pode ajudá-las. Essa é a Igreja que ele vive. Francisco sabe que o amor deve vir antes de tudo e, assim, assume o compromisso de revelar e distribuir amor. Conversando com as pessoas dos mais diversos lugares e religiões, ou mesmo com católicos que não praticam a fé, vejo que todos se sentem mais próximos da Igreja graças à leveza de Francisco, que em nenhum momento está preocupado em julgar seja quem for.

Por que será que a imagem que ficou da Igreja é a de que sempre julga? Ou mesmo a imagem de que o Deus pregado pela Igreja condena? Quando as regras e normas são consideradas maiores que as pessoas, é isso que acontece. Na contramão, Francisco aproximou mais a instituição, o Evangelho e Jesus Cristo do centro das conversas, da família, do trabalho, da mídia, sempre trazendo leveza, esta que alguns tomam como excesso de misericórdia. Todos temos o direito de opinar sobre qualquer tema, inclusive sobre o Papa, a opinião é livre. Mas é preciso também mudar o que compreendemos por misericórdia e justiça. É necessária uma mudança interior daquilo que se imagina de Deus. Se trago uma imagem de Deus conforme algumas situações do Antigo Testamento, esquecerei a face leve e misericordiosa que Jesus traz quando pede que descansemos nele, que ele veio aos pecadores, aos enfermos e para servir. "Meu jugo é suave e meu fardo é leve" (*Mt* 11,30).

Essa imagem de Deus não tem nenhuma relação com o Deus que está sendo ensinado em algumas catequeses, quando "[...] a tentação da lei permanecerá contínua ao longo da história do cristianismo, já que muitos preferem a segurança das normas à insegurança do seguimento de Jesus, a ética normativa à ética do amor fraterno".[34]

É assustador que muitos jovens já comecem a vida de fé pelo caminho da intransigência, advogando e defendendo uma imagem de Deus que, ao longo dos anos, a própria Igreja Católica lutou para mudar, no desejo de devolver a alegria e a capacidade de nos sentirmos felizes em sermos cristãos católicos. Ou seja, precisamos de mais leveza na imagem que temos do Deus de Jesus.

Francisco nos revela um Deus que se fez humano, próximo, e que se afetava pela realidade. Um Deus que não passou por nós indiferentemente. A leveza do Evangelho não significa nivelar por baixo o seguimento a Jesus; pelo contrário, significa anunciar a todos que a alegria do Evangelho e do amor está aí, acessível a todos, independentemente da dor e dos pecados que tenhamos cometido. Que mal há em anunciar o amor? Que mal há em sermos anunciadores da alegria, da misericórdia? Que tempos são estes em que sermos anunciadores da paz, da leveza, da alegria e da misericórdia é visto quase como um crime? O nosso Deus é amor, é bondade e compaixão. Um Deus próximo que nos alimenta, sustenta, anima e salva. Que mal há em comunicar a leveza de seguirmos Cristo? Ou mesmo em que a nossa Igreja acolha os pecadores?

Para mim, Francisco nos revela aquilo que mais é óbvio no cristianismo: fomos enviados para amar ao próximo, para ser irmãos, abençoar, batizar e salvar – para anunciar um amor que não tem fim. Por qual motivo preferimos, muitas vezes, passar a imagem de arautos da verdade, da norma e da regra, e nos esquecemos de que Jesus Cristo é a alegria do mundo? A conversão chegará até nós por aproximação, e não por força, rigor e normas.

Quando visitou o Marrocos, em conversa com os missionários e migrantes, Francisco afirmou: "Continuem próximos daqueles que são frequentemente excluídos, os pequenos e os pobres, os prisioneiros e os migrantes. Os caminhos da missão não passam pelo proselitismo, que sempre leva a um beco sem saída".[35] Ou seja, para ele, o Evangelho deve ser atrativo e seguir pelo caminho da aproximação com os que sofrem. Quanto mais próximos, mais atraentes e mais parecidos com Cristo somos. A conversão se dará pelo caminho do olhar, observando que essa proposta de vida nos permite sermos pessoas melhores. E Jesus será o centro, o modelo de justiça, paz, misericórdia, caridade e amor.

O Papa, em uma das suas catequeses na Praça de São Pedro, ensinou-nos que:

> Quando Jesus convida à conversão, não o faz para julgar as pessoas, mas a partir da proximidade, da partilha da condição humana e, portanto, da estrada, da casa, da mesa. A misericórdia com os que tinham necessidade de mudar de vida acontecia com a sua presença amável, envolvendo cada um na sua história de salvação.[36]

# 25
## *Um papa irredutível*

Leve sim, mas não podemos dizer que Francisco não seja firme. Ele é um homem lúcido, sabe muito bem para onde quer ir e para onde está conduzindo a Igreja. Alguns dizem e pensam que é um caminho feito e sem volta, e que daqui para a frente seguiremos convivendo com as surpresas e com outros Franciscos.

O certo é que Bento XVI, homem profundo e de grande sabedoria, quando desde sua renúncia, deu à Igreja que tanto ama a possibilidade de trilharmos um caminho de continuidade do magistério com outros papas. Um caminho de prática espiritual, teológica e pastoral que, com Francisco à frente, coloca em pauta a aplicação do Concílio Vaticano II. A decisão irredutível do pontífice está aí, pois reformar a Cúria Romana é um detalhe importante, mas sua prática de fé e seu modo de proceder resgatam o caminho iniciado por João XXIII, continuado por Paulo VI, João Paulo II e Bento XVI.

Cada um deles certamente viveu e aplicou esse processo pós-conciliar de seu modo e utilizando diferentes meios. E assim também é com Francisco, que tem seus motivos para resgatar e colocar novamente diante de nós aquilo do Vaticano II que deve ser aplicado, retomado, intensificado. Francisco não cria um caminho novo, apenas nos leva a retomar uma imagem da Igreja sinodal e em saída, uma Igreja que tem os olhos e o coração voltados para a realidade contemporânea; uma Igreja mãe e acolhedora, com as portas abertas para os pecadores, feridos, necessitados de colo e de atenção.

A firmeza de Francisco não o faz perder a sua leveza. Ele é, hoje, sinal concreto de que estamos vivendo um amplo resgate, não de uma "grande disciplina", mas do Evangelho. Não quero com isso criticar outros papas, mas o exemplo de Francisco faz com que desejemos nos aproximar mais e mais da vivência da fé, de uma vida de caridade e em comunidade. Ele nos tira de um regime de medo e de distanciamento entre a Igreja instituição e a Igreja Povo de Deus. Havia uma grande repulsa por parte de vários setores da sociedade pela Igreja, sua voz já não se fazia mais ouvir. Ouvir no sentido não de obedecer, mas de considerar, escutar, refletir, dialogar e até mesmo pensar em caminhar juntos, sendo católico ou não. A presença leve e decidida de Francisco nos coloca de mãos dadas com as pessoas de bem, que sonham com um mundo mais justo e igualitário.

Um ponto alto de seu pontificado foi a carta encíclica *Laudato Si*, de 2015, trazendo à tona a importante questão de nossa relação com a natureza, em suas palavras, nossa "casa comum", mostrando como a fé e a Igreja podem ajudar a pensar um mundo melhor e mais saudável para todos.

A dinâmica de Francisco é de diálogo, sinodalidade e firmeza. Suas palavras são claras, especialmente para quem caminha com ele em busca de uma Igreja que se comunica abertamente e que seja capaz de se fazer compreender para além das letras, mas com o coração e com as mãos. A atitude pastoral de Francisco nos leva a nos questionar, também, sobre nossa conduta como pastores. Somos capazes de colocar nossas paróquias, igrejas, santuários, capelanias, pastorais e movimentos no caminho do Evangelho? Somos capazes de seguir os passos de Jesus, o Bom Pastor, para além das belas palavras, entrando em uma dinâmica forte de vivência e conversão ao Evangelho? Será que nossa prática cristã está nos transformando em presença de Cristo no mundo de hoje? Pois é tudo isso que Francisco causa em nós. Quando ele aparece, quando ele fala, quando ele reza, revela-nos uma Igreja capaz de estar no mundo como mãe e mestra de amor, caridade e bondade.

Em meu modo de ver e compreender até agora, ou pelo menos no meu modo de interpretar as atitudes de Francisco, ele nos dá sinais de que não oferecerá aos seus detratores e críticos um modo de ser papa no estilo "imperador", tampouco dará á Igreja mais um papa emérito por questões de idade ou fraqueza em tomar decisões. Pode até ser que ele renuncie, mas penso que isso só ocorrerá no momento em que ele perceber que o processo iniciado por ele e a reforma da Igreja sejam irreversíveis. A tão desejada conversão pastoral a que Francisco nos convida será, porém, construída passo a passo e dependerá dos próximos pontificados, pois exige tempo e conversão dos corações.

A irredutibilidade do papa vai nessa linha, afinal, está ciente da razão de ter sido eleito pelos seus pares, seus irmãos cardeais, e é muito lúcido em suas decisões, pois sabe esperar, não se adianta, fazendo a Igreja toda viver um processo, passo a passo, em direção ao Evangelho. Esta atitude de Francisco pede de todas as pessoas, progressistas ou conservadoras, bastante atenção se querem compreender a verdadeira revolução de Francisco. Ele está decidido a continuar a reforma iniciada, mesmo que para isso tenha, inclusive, que demitir e tirar de alguns o cardinalato, como vimos há pouco.

# 26
## *Um papa cuidador da "casa comum"*

Na encíclica *Laudato Si*, Francisco nos ajuda a tirar o véu que encobria a realidade e a distância que a Igreja tomou todos esses anos da ecologia e da natureza. Ele chama a atenção para a poluição, as mudanças climáticas, a questão da água e a deterioração da qualidade da vida humana, abrindo o tema para todos nós. Pois nossa casa comum está em perigo, a nossa morada terrena, o que nos une ao redor de uma preocupação comum – esse tema perpassa toda a encíclica.

Assim, Francisco nos leva a um caminho avançado e perigoso, pois tocar no tema de ecologia integral nos faz perceber que pisamos em areia movediça. A destruição da nossa casa comum é fruto da ganância de homens e mulheres que consomem e só se preocupam com o próprio bem-estar, independentemente do custo disso.

> O urgente desafio de proteger a nossa casa comum inclui a preocupação de unir a família humana na busca de um desenvolvimento sustentável e integral, pois sabemos que as coisas podem mudar. O criador não nos abandona, nunca recua no

seu projeto de amor, nem se arrepende de nos ter criado. A humanidade possui ainda a capacidade de colaborar na construção da nossa casa comum.[37]

Com muita lucidez, Francisco ressalta um dos maiores e mais urgentes temas da atualidade, revelando, assim, sua visão de mundo; seu olhar é integral. Ele sabe quantas pessoas já foram assassinadas e perseguidas por causa desse tema, por isso mesmo ele o traz a nós, católicos, e a quem se preocupa com a vida, para que possamos dar um passo mais adiante, agindo de modo responsável e ecológico, trazendo a vida para o centro da discussão; a vida em todas as suas perspectivas, inclusive a econômica, pois, por trás de tudo isso, há uma relação doentia com o dinheiro e com o consumismo desenfreado e descomprometido.

> As mudanças climáticas são um problema global com graves implicações ambientais, sociais, econômicas, distributivas e políticas, constituindo atualmente um dos principais desafios para a humanidade. Provavelmente os impactos mais sérios recairão, nas próximas décadas, sobre os países em vias de desenvolvimento. Muitos pobres vivem em lugares particularmente afetados por fenômenos relacionados com o aquecimento, e os seus meios de subsistência dependem fortemente das reservas naturais e dos chamados serviços do ecossistema, como a agricultura, a pesca e os recursos florestais.

Francisco alerta para o perigo de se olhar para a sociedade e o ser humano somente pela ótica econômica, pois o resultado são catástrofes e injustiças, como o fenômeno da imigração e dos refugiados:

> Não possuem outras disponibilidades econômicas nem outros recursos que lhes permitam adaptar-se aos impactos climáticos ou enfrentar situações catastróficas, e gozam de reduzido acesso a serviços sociais e de proteção. Por exemplo, as mudanças climáticas dão origem a migrações de animais e vegetais que nem sempre conseguem adaptar-se; e isto, por sua vez, afeta os recursos produtivos dos mais pobres, que são forçados também a emigrar com grande incerteza quanto ao futuro da sua vida e dos seus filhos. É trágico o aumento de emigrantes em fuga da miséria agravada pela degradação ambiental, que, não sendo reconhecidos como refugiados nas convenções internacionais, carregam o peso da sua vida abandonada sem qualquer tutela normativa. Infelizmente, verifica-se uma indiferença geral perante estas tragédias, que estão acontecendo agora mesmo em diferentes partes do mundo. A falta de reações diante destes dramas dos nossos irmãos e irmãs é um sinal da perda do sentido de responsabilidade pelos nossos semelhantes, sobre o qual se funda toda a sociedade civil.

Francisco sai à frente mais uma vez e nos desafia a assumir um papel na dinâmica social, fugindo de uma preocupação ecológica artificial e esvaziada. É preciso que nos perguntemos de fato o que gera essa catástrofe ambiental e humana que mata e humilha tantas pessoas. Ele nos leva a perceber que não podemos ficar presos a discursos prontos, apenas para entrar na moda "verde". Devemos agir o quanto antes em busca de transformações verdadeiras. Somente uma mudança profunda de pensamento e atitudes poderá salvar a vida de milhões de pessoas nos próximos anos. Infelizmente, há ainda quem pense que a proteção do meio ambiente nada tem a ver com a fé e a religião. Ledo engano.

# 27
## *Um papa que nos desafia*

Francisco sempre nos desafia a irmos adiante, em busca do Senhor:

> Convido todo cristão, em qualquer lugar e situação que se encontre, a renovar hoje mesmo o seu encontro pessoal com Jesus Cristo ou, pelo menos, a tomar a decisão de se deixar encontrar por Ele, de O procurar dia a dia sem cessar. Não há motivo para alguém poder pensar que este convite não lhe diz respeito, já que da alegria trazida pelo Senhor ninguém é excluído.[38]

Diante desse convite, não dá para ficar parado, sem buscar responder a tamanha provocação e ajudar a todos que façam seu encontro pessoal com Cristo, bem como ajudar a Igreja, lugar privilegiado desse encontro. Daí que, quando pensamos no trabalho com as famílias, vemos como a Pastoral da Família tem um papel fundamental na organização da vida paroquial ou comunitária.

Compartilho algumas experiências que vivemos na paróquia Cristo Rei, em Fortaleza. Essas experiências são desafiadoras e nos conectam com uma evangelização que responde aos desafios da realidade e nos coloca próximos de quem sofre e deseja ser acolhido.

A experiência do trabalho com um grupo de casais em segunda união, ou seja, que já viveram uma experiência marital com uma pessoa e que depois de uma separação ou divórcio reiniciaram a vida com outra, ajuda-nos a perceber o rosto misericordioso de Deus e a acolhida da Igreja. Esse grupo nasceu há 15 anos, após uma solicitação da Arquidiocese de Fortaleza junto a Dom Sérgio da Rocha, bispo auxiliar à época.

Atualmente, a experiência está consolidada em grupos de vivência e partilha que acompanham cerca de 40 casais em quatro núcleos fixos. O caminho trilhado até aqui, para nós, da Paróquia Cristo Rei, no centro de Fortaleza, é motivo de alegria e de convite a seguirmos sempre adiante, desafiados cada vez mais pelo modo de ser do papa Francisco e pelo chamado que ele faz para que saibamos acolher, escutar, discernir e inserir esses casais na vida eclesial. A pastoral não existe para dar concessões aos casais disto ou daquilo, mas para ser lugar de acolhida, perdão, formação eclesial, espiritualidade, convivência, formação bíblica e humana. Hoje, esse é um dos grupos mais bem-sucedidos em nossa paróquia, mais uma vez levando leveza, acolhida e alegria à vida de tantos que estiveram longe da Igreja por se sentirem abandonados, julgados e condenados. A dinâmica é de aproximação, escuta e amor. O Papa Francisco nos lembra que é necessário mudar a postura pastoral diante dos divorciados e recasados. É o que ele busca explicar, como nestes trechos da exortação *Amoris Laetitia*[39]:

> Os batizados que se tenham divorciado e se voltaram a casar civilmente devem ser mais integrados na comunidade cristã,

> nas diversas formas possíveis, evitando qualquer ocasião de escândalo.
>
> A sua participação pode expressar em diferentes serviços eclesiais [...], o convite à misericórdia e o discernimento pastoral devem permear nossa ação missionária, "frequentemente, a tarefa da Igreja se assemelha à de um hospital de campanha".

Outra experiência muito positiva é a que fazemos com quem sofreu alguns traumas, dores e abandonos na vida matrimonial ou mesmo na vida afetiva. Em resposta ao pedido do Papa e ao exemplo da alegria do Evangelho, que nos convida a ser acolhedores, nasceu o Grupo Ágape, que tem como missão acolher pessoas solteiras, divorciadas e viúvas, homens e mulheres que sentiram na pele a dor e o peso do julgamento e do preconceito. Em grupos pequenos de partilha, oração e estudos, elas descobriram um outro rosto do Evangelho, da Igreja e de Jesus Cristo. E isso aconteceu por meio da aproximação, ou seja, a comunidade se fez mais próxima, aberta, Igreja em saída, e hoje, na comunidade paroquial, é um dos grupos mais envolvidos e que mais trazem alegria para nossos momentos celebrativos e sociais. O mais bonito é ver o testemunho de como aquele grupo é capaz de lhes devolver a esperança de viver. Anualmente, eles fazem um retiro inaciano no Mosteiro dos Jesuítas, em Baturité (Ceará), sendo um momento de oração, silêncio, partilha e reencontro com o mistério e com o que acontece dentro de cada um.

Outra experiência que nasceu em nossa paróquia é a Pastoral dos Recém-Casados, também respondendo ao apelo do Papa Francisco para que cuidemos melhor dos casais jovens. Com alegria, espiritualidade e formação, o intuito é construir o sentimento de corpo eclesial. Essa pastoral, conduzida por casais membros da Paróquia Cristo Rei, é instrumento de mais leveza e amabilidade nesse momento tão importante na vida de um casal. Através de encontros mensais, para oração, formação e momentos informais de lazer, esses novos casais encontram seu lugar na vida comunitária, e inclusive assumem a liturgia em algumas missas durante o mês, dando leveza ao rosto de nossa comunidade.

É bonito ver os jovens casais inseridos na liturgia, servindo no altar, tocando e cantando, recolhendo as ofertas, acolhendo os fiéis. Algumas palestras importantes são realizadas por profissionais da Psicologia e da Medicina, como sobre gestação, gravidez, relacionamento do casal no período pré e pós-parto, entre outros assuntos. Abordar esses temas ajuda o casal jovem a entender as mudanças em seu corpo e sua mente, assim como as relativas ao bebê. Alguns casais mais experientes coordenam e acompanham os processos, sempre juntos ao pároco, orientando e ajudando a enfrentar melhor os primeiros anos de vida a dois.

Vale dizer que todas essas experiências possuem a mesma base: a espiritualidade, inclusive por meio de retiros anuais inacianos, de formação bíblica, pastoral, litúrgica, entre outras. E é lindo ver que isso rejuvenesce e dinamiza o rosto da Igreja local, da comunidade, através de uma Pastoral Familiar organizada e em rede com todas as outras pastorais, grupos e movimentos da paróquia.

Ao dar tanta atenção à família e aos seus desafios próprios nesse tempo, o testemunho de Papa Francisco nos desafia e impulsiona a responder perguntas que nos são colocadas e que nos tiram do comodismo e da letargia que nos impedem de ajudar as pessoas que sofrem, que caminham sozinhas, sem alguém para dar as mãos.

# 28
## *Um papa em tempos de pandemia*

A entrada solitária de Papa Francisco na Praça de São Pedro vazia certamente foi uma das cenas mais fortes de 2020. Já era noite, e uma leve chuva fazia brilharem as pedras históricas que são testemunhas de multidões naquela praça. Naquele imenso e silencioso vazio, o profeta da paz seguia seu caminho até a tenda para rezar, andava devagar, puxando de uma perna, porém firme em busca da meta: chegar aos pés da cruz milagrosa.

Francisco fez ao mundo inteiro um convite de silêncio e reflexão sobre o impacto da pandemia que assola toda a humanidade. Vestido de branco, em contraste com o cinza do chão, arrastava consigo bilhões de corações esperançosos. Ele caminhava sozinho, mas carregava no coração os tantos crucificados deste mundo que sentiram na pele a força do vírus, que rouba a vida e a esperança de milhares de pessoas mundo afora. A força do Evangelho e da oração conduz Francisco até os pés dos crucificados, representados ali pela imagem de Jesus na cruz. Molhada pela chuva, a imagem de madeira era lavada, fazendo caírem lágrimas que nos remetiam às que caíam do rosto de Cristo no calvário.

Francisco, ao final daquela noite, abençoa a cidade e o mundo com o Santíssimo Sacramento em punho e, silenciosamente, volta-se em direção à praça chuvosa, abençoando e orando por todos nós. Ele não tem medo do vazio, faz o possível para preencher a vida das pessoas; mesmo que por meio da mídia, ele está sempre ali, levando a esperança. O Papa tem consciência de que os vazios nos afetam e falam de nós mesmos, por isso, busca ser presença e vitalidade em meio a tanto medo e desespero. Certo dia caminhou pelas ruas vazias de Roma e, corajosamente, foi até a Igreja de São Marcelo, onde está a Cruz Milagrosa. Chegou em silêncio e orou diante do crucificado. Ali não havia sinal algum nem de turistas nem de fiéis. Continuou a caminhar pelas ruas de Roma, sem interrupções.

Para preencher o vazio do não recebimento da eucaristia, das missas que não se podiam celebrar, ele permitiu que fossem transmitidas suas missas matinais diárias. Também introduziu a adoração e a benção do Santíssimo Sacramento logo após a missa, para que aqueles que não receberam o sacramento pudessem adorar a Jesus e convidá-lo para entrar em sua casa. Incentivou e aprovou a comunhão espiritual.

Em meio à pandemia, Francisco ligou para alguns bispos brasileiros, mostrando preocupação e proximidade, comunicando sua oração e seu olhar atento quanto ao que estava acontecendo no Brasil. Ele mais uma vez foi além das palavras e se mostrou um líder capaz de estar atento a todas as nuances de um chefe, religioso ou não. A preocupação com o outro e com o bem-estar das pessoas deve vir em primeiro lugar.

Algumas doações nos ajudam a ver que o Papa estava de verdade empenhado em fazer a diferença. Os números a seguir certamente já estão superados, pois ele não para de nos surpreender:

1) 100 mil euros (o equivalente a quase 700 mil reais) para a Caritas italiana, para ajudar no trabalho com os pobres.
2) 30 respiradores aos hospitais localizados nas áreas mais afetadas da Itália, para ajudar os doentes.
3) 10 respiradores e uma série de kits de testes para diagnóstico da covid-19 para a Síria.
4) vários kits de exame para detectar o vírus para os médicos na Faixa de Gaza.
5) 60 mil euros para um hospital em Bérgamo, uma das províncias italianas mais afetadas pela pandemia.
6) 750 mil euros (o equivalente a mais de 4 milhões de reais) para o fundo solidário de emergência, criado por ele, para ajudar as áreas afetadas pela doença.

Instituiu o 14 de maio como um dia de oração, jejum e caridade, pedindo o fim da pandemia. Na oportunidade, fez uma convocação às diferentes religiões do mundo para que houvesse união nesse momento por meio da fé, que exatamente é o que nos torna irmãos, com o desejo profundo de nos libertarmos dessa doença que afeta a todas as culturas, todas as profissões de fé. Seus gestos e palavras são verdadeiros exemplos de alguém que sofre com quem sofre e chora com quem chora, mas que não se acomoda em discursos belos e bem elaborados; ele age silenciosamente, revelando-se a quem tem um coração puro diante de Deus.

# 29
## *Um papa do encontro*

Francisco é construtor de pontes, é defensor e apoiador daqueles que são sonhadores e geram esperança. Ele encara a vida e o pontificado como um local e uma oportunidade de restaurar e construir novos caminhos que levem a sociedade e as pessoas em direção umas das outras. Conhecido por ser grande crítico da guerra, empenhado na construção da paz, Francisco inspira e incentiva a criação de instituições que abram horizontes e restaurem a paz, como o Scholas Occurrentes, instituto pontifício que leva educação para pessoas carentes por meio da arte e da cultura. É incentivador da "cultura do encontro", gerando oportunidade para que as pessoas não apenas se cruzem, como ele mesmo falou na Homilia do ai 13 de setembro de 2016, na Casa Santa Marta, mas também se encontrem e gerem vida. Naquela homilia ele levou os fiéis a repensarem o modo como nos relacionamos e estamos vivendo. Francisco, na verdade, criticava as instituições que, em nome do lucro e do sucesso, tornam invisíveis as pessoas, pois estão sempre comprometidas com a cultura do individualismo, que gera mais múmias para preencher uma sociedade de mortos-vivos.

Pessoas que não se comprometem e não se ofertam esquecem o que é oblação, entrega e fraternidade, levando uma vida focada totalmente no bem-estar pessoal em detrimento do irmão. A construção de muros sempre foi, para Francisco, o caminho dos insensatos. Os muros separam em vez de unir e congregar, e isso é tudo o que um papa quer evitar. Ele está pessoalmente comprometido com o humano, expressão e imagem de Deus, e, por isso, todos, independentemente de religião, sexo, cor, origem, devem ser salvos, cuidados, protegidos e acolhidos. Assim, Francisco revela seus horizontes, e não há limites para o que se passa em seu coração. Está claro para ele que só a partir da construção de uma "cultura do encontro" seremos capazes de mostrar ao mundo a qualidade do que cremos – digo isso especificamente aos que decidiram seguir Jesus Cristo, o maior construtor de pontes de todos os tempos.

Com ternura e paz interior, Francisco discursou no Congresso dos Estados Unidos e não perdeu a oportunidade de pregar o Evangelho de modo adaptado, quando falou de tudo aquilo que ele acredita ser contra o Evangelho de Jesus Cristo. Naquela oportunidade única, ele anunciou e defendeu a igualdade e a inclusão como caminhos para os construtores de esperança: "Construir uma nação pede que reconheçamos que nós precisamos nos relacionar constantemente uns com os outros, rejeitando uma mentalidade de hostilidade para poder adotar uma de subsidiariedade recíproca".[40]

Continuou Francisco, em seu discurso histórico, criticando a polarização que aquele país sofria:

> A nossa resposta deve ser uma resposta de esperança e cura, de paz e justiça. É-nos pedido para fazermos apelo à coragem e à

> inteligência, a fim de se resolverem as muitas crises econômicas e geopolíticas de hoje. Até mesmo num mundo desenvolvido aparecem demasiado evidentes os efeitos de estruturas e ações injustas. Os nossos esforços devem concentrar-se em restaurar a paz, remediar os erros, manter os compromissos, e assim promover o bem-estar dos indivíduos e dos povos. Devemos avançar juntos, como um só, num renovado espírito de fraternidade e solidariedade, colaborando generosamente para o bem comum.

Quando falou aos congressistas a respeito das imigrações, tema que é pedra no calcanhar de Donald Trump, Francisco defendeu e levou cada um deles a se colocar no lugar de imigrantes e refugiados, ajudando a mostrar que os sonhos que eles carregam é o mesmo que carregamos e queremos para os nossos filhos.

> Porventura não é o que queríamos para os nossos filhos? Não devemos deixar-nos assustar pelo seu número, mas antes olhá-los como pessoas, fixando os seus rostos e ouvindo as suas histórias, procurando responder o melhor que pudermos às suas situações. Uma resposta que seja sempre humana, justa e fraterna. Devemos evitar uma tentação hoje comum: descartar quem quer que se demonstre problemático. Lembremo-nos da regra de ouro: "O que quiserdes que vos façam os homens, fazei-o também a eles" (*Mt* 7,12).[41]

Ao terminar o seu discurso emocionante, em vários momentos aplaudido de pé pelos congressistas, o Papa foi mais além quando deixou claro qual seria o papel de homens e mulheres naquilo de melhor que uma sociedade pode ser.

> Uma nação pode ser considerada grande, quando defende a liberdade, como fez Lincoln; quando promove uma cultura que permita às pessoas "sonhar" com plenos direitos para todos os seus irmãos e irmãs, como procurou fazer Martin Luther King; quando luta pela justiça e pela causa dos oprimidos, como fez Dorothy Day com seu trabalho incansável, fruto de uma fé que se torna diálogo e semeia a paz no estilo contemplativo de Thomas Merton.[42]

O resultado não poderia ser outro: a crítica foi muito positiva, e o discurso foi muito bem acolhido por grande parte da sociedade e dos congressistas estadunidenses, ao contrário da posição do mandatário do país, que criticou negativamente o discurso de Francisco; o que já era de se esperar.

Desse modo, não dá para esquecer da *Evangelli Gaudium*, quando Francisco critica o sistema capitalista global, denunciando o resultado que ele gera na vida das pessoas: "A economia não pode mais recorrer a remédios que são um novo veneno, como quando se pretende aumentar a rentabilidade reduzindo o mercado de trabalho e criando assim novos excluídos".[43]

Construtor de pontes e denunciador de muros, o Papa sabe bem o que deseja, é corajoso, ousado, profeta. Acerta seus dardos diretamente no coração daqueles que de forma deliberada estão comprometidos em viver e trabalhar contra a vida e a dignidade de cada pessoa: "Não consigo entender essa nova cultura de defender territórios construindo muros. Já conhecemos um, aquele em Berlim, que trouxe tantas dores de cabeça e tanto sofrimento".*

* Comentário do Papa em entrevista a uma jornalista mexicana, em 2017, deixando clara sua posição contrária à construção de muros entre o México e os Estados Unidos.

# 30
## *Um papa de todos*

No modelo de Igreja e sociedade que Francisco traz em seu coração não cabem exclusões, ou mesmo preconceitos que dividam a sociedade ou a Igreja. Certamente ele não conseguirá fazer todas as reformas que deseja, ou mesmo as mudanças que parte da sociedade e algumas pessoas na Igreja desejam, como a questão da mulher na Igreja, por exemplo. Acredito que esse continuará sendo um tema gerador de tensões e divisões, impossível de ser resolvido por Francisco, mesmo que ele tenha dado passos significativos para que mulheres, hoje, ocupem mais cargos estratégicos na cúpula da Igreja.

Talvez ele também não resolva a questão de ordenar homens casados nem mesmo colha muitos frutos no tema da unidade entre os cristãos. Esses temas há muitos anos fazem parte da agenda não oficial dos papas, uns certos de que nada mudaria, e outros, como Francisco, esperançosos. Mas, como vemos, as coisas não são simples e pedem oração, silêncio, tempo e discernimento. O que Francisco não deseja é divisão e separação, pois oferece sua vida na missão de servir a todos.

Porém, ele não deixou de ser ousado e profeta também nesses pontos. Ele sabe esperar a hora possível e não perde a esperança de continuar encaminhando a reforma para a qual foi eleito. Vale lembrar a primeira pregação de Frei Raniero Cantalamessa no Vaticano, na Sexta-Feira Santa, em 2013, diante do Papa e de milhares de fiéis, padres, bispos e cardeais. Na ocasião, ele reconheceu não só a excessiva burocracia na Igreja, como também a divisão entre os cristãos e demais controvérsias antigas que impedem que a mensagem de Cristo e a Igreja voltem a ser simples, como de origem:

> Ocorre o mesmo com alguns edifícios antigos. Através dos séculos, para adaptar-se à necessidade do momento, lhes enchem de divisões, escadas, quartos e cubículos pequenos. Chega um momento em que você se dá conta que todas essas adaptações já não respondem às necessidades do momento, mas são um obstáculo, e então temos que ter a coragem de derrubá-las.[44]

O franciscano prossegue, dizendo: "Essa foi a missão que recebeu um dia um homem que estava orando perante o crucifixo de São Damião: 'Vai, Francisco, e repara minha Igreja'".

Diante de tantos apelos por reformas e mudanças, desde dentro do Vaticano, mesmo o Papa sabe que o que realmente precisa é escutar a voz do Espírito, e segue essa missão com tranquilidade.

Todas as perseguições e críticas sofridas certamente afetam a Francisco, mas ele sabe seguir em frente de forma decidida, sem ser freado. Seu modo de fazer e sua persistência na reforma e na condução de processos que façam o Evangelho ser ouvido e considerado vão despertando rumores e até inimigos. O pontífice leva o

Evangelho a todos ao manifestar em ação seu modo de pensar. Ele não pensa só para dentro da instituição que lidera; ele sempre vai além. Assim, todos se sentem, no mínimo, envolvidos e afetados por suas palavras, e nunca indiferentes, mesmo quando contrários a ele. E seria quase impossível alguém não ter lido, escutado ou conhecido qualquer coisa sobre ele, mesmo que viva nas grandes cidades secularizadas e frias, escuras e óbvias, nas grandes metrópoles atuais, que selecionam e agendam as mentes com temas que deixam o eterno de fora.

As palavras e os gestos de Francisco conseguem dar cor e recuperar a esperança defraudada pela violência e pela indiferença. Francisco sempre será um papa para todos. Na homilia de Pentecostes de 2020, comentando o texto de Paulo, ele revela, mais uma vez, a universalidade de sua mensagem e a importância de sua missão de instaurar, como líder da Igreja, um sentimento de verdadeira fraternidade, acolhendo e enxergando a todos em suas diferenças e características próprias, mas igualmente amados e queridos por Deus: "A narração dos Atos recorda-nos um segundo aspecto: a prioridade de Deus é *a salvação de todos.* Como o anjo diz a Paulo: 'Deus concedeu-te a vida de todos quantos navegam contigo'" (*At* 27,24). Continua o Papa:

> É um convite a não nos dedicarmos exclusivamente às nossas comunidades, mas a abrir-nos ao bem de todos, ao olhar universal de Deus, que se encarnou para abraçar toda a família humana, morreu e ressuscitou para a salvação de todos. Se, com a sua graça, assimilarmos a sua visão, conseguiremos superar as nossas divisões. No naufrágio de Paulo, cada um contribui para a salvação de todos: o centurião toma decisões importantes, os

marinheiros recorrem aos seus conhecimentos e habilidades, o Apóstolo encoraja quantos perderam a esperança. Inclusive entre os cristãos, cada comunidade tem um dom a oferecer aos outros. Quanto mais olharmos para além dos interesses de parte e superarmos o legado do passado no nosso desejo de avançar rumo a um ponto de chegada comum, tanto mais espontaneamente reconheceremos, acolheremos e compartilharemos estes dons.[45]

A visão de Francisco sobre as religiões e a sociedade é esta: reconhecer habilidades, valorizar capacidades e abrir horizontes, levando todos a caminharem juntos. Seu sonho para a unidade e a fraternidade universal inclui gêneros, raças, culturas e religiões distintos e capazes de diálogos. Talvez esse sonho não seja realizado por ele mesmo, mas será acalentado e realizado por outros papas. E precisa também ser sonhado e concretizado por todos nós. O tempo e a idade chegam para todos. Francisco já é um ancião, renunciando ou não ao pontificado, quiçá alguns de nós testemunharemos as realizações como fruto daquilo que ele acalentou em seu coração de pastor e colocou em prática.

Padre Jorge talvez nunca tenha sonhado em chegar ao posto a que chegou, e hoje é testemunha de que vale a pena manter a identidade e a essência, sem perder a esperança na unidade e na fraternidade, pois não podemos nos compreender sozinhos. Uma palavra que resume Francisco é "esperança". E não podemos nem devemos perdê-la, mas promovê-la todos os dias. Francisco nos ensina a esperar, a agir; ele é o Profeta da Esperança, que nos aponta Jesus de Nazaré.

# CONCLUSÃO

Ao longo deste livro, vimos que ainda, por muitos anos, poderemos nos debruçar sobre esse homem que se tornou, para líderes e personalidades mundiais, um exemplo de como a esperança nos ajuda a continuar superando os desafios da vida, estando sempre em movimento, saindo da inércia que tira nossa criatividade e nos mata. Em tempos difíceis e "líquidos", Francisco nos ensina que não podemos perder tempo e que não devemos nos esquecer de cumprir nossas missões nem podemos perder a identidade própria.

Foi e sempre será muito difícil sintetizar a vida de Francisco, o que obviamente não tentei fazer nestas páginas. Quando percorremos os pontos aqui apresentados, trouxemos simplesmente à memória afetiva um pouco daquilo que ele representa neste momento histórico mundial para tantos líderes e para todos nós, católicos. É impossível passar por ele, por sua presença, seus escritos e seus gestos sem nos impactarmos, seja para os que admiram e seguem a mesma linha de raciocínio e vivência do Evangelho, seja para os que saíram contra ele em redes sociais, textos, livros e artigos, assumindo publicamente uma oposição. Em todo caso, Francisco sempre será aquele que nos afeta, nos desinstala e nos questiona a respeito do passo que estamos dando na aplicação do Evangelho. Ele conseguiu nos ajudar a rever a caminhada da Igreja até hoje, também, a partir dos últimos pontificados e estará presente no próximo pontificado, seja na mesma linha dele ou noutra linha, pois estou seguro de que estaremos todos no caminho do Evangelho de Cristo. Pois é a isso que o pontificado de Francisco nos convida, a não tirarmos o olhar do Evangelho e da vida, testemunho da Igreja.

Cada uma dessas características revela um pouco do gigante que está sentado na sedia de Roma, envolvendo toda a Igreja, em todos os continentes, em um movimento de Igreja em saída, vivendo a primavera atual.

As Conferências Episcopais, os bispos, o povo de Deus, os sacerdotes, mesmo se quisessem, não conseguiriam ficar imunes a essa energia vital que Francisco conseguiu emanar na Igreja, energia esta que brota do Evangelho e da tradição da Igreja. Ele é visto como revolucionário, renovador, profeta, mas, na verdade, ele é um cristão apaixonado pelo que faz e vibra com alegria por tudo aquilo que se passa dentro de seu coração. Esse é Francisco, que, durante muitos anos, estará entre os temas de seminários, conventos, universidades, estudos e pesquisas.

O Papa do Fim do Mundo veio para nos transformar em construtores de pontes, levando-nos a que reconsideremos o papel da religião e do catolicismo na sociedade atual. Pois, para ele, não podemos ficar nas sacristias, muito menos nos bancos das igrejas, conservando coisas antigas e empoeiradas; existimos para seguir Jesus e para que, como Igreja, possamos, ao longo do tempo, manter a tradição e a nossa história com criatividade e coragem.

Vale a pena reproduzir a parte final do discurso do Papa Francisco à Cúria Romana em dezembro de 2019:

> Aqui é necessário advertir contra a tentação de assumir a atitude da rigidez. Esta nasce do medo da mudança e acaba por disseminar estacas e obstáculos pelo terreno do bem comum, tornando-o um campo minado de incomunicabilidade e ódio. Lembremo-nos sempre de que, por trás de qualquer rigidez, jaz um desequilíbrio. A rigidez e o desequilíbrio nutrem-se, mutuamente, num círculo vicioso. E hoje esta tentação da rigidez tornou-se tão atual.
>
> Queridos irmãos e irmãs!
>
> A Cúria Romana não é um corpo separado da realidade – embora o risco esteja sempre presente –, mas deve ser concebida e vivida no hoje do caminho percorrido pelos homens e as mulheres, na lógica da mudança de época. A Cúria Romana não é um palácio ou um armário cheio de roupas que se hão de vestir para justificar uma mudança. A Cúria Romana é um corpo vivo, e sê-lo-á tanto mais quanto mais viver a integralidade do Evangelho.
>
> O cardeal Martini, na última entrevista dada poucos dias antes da sua morte, disse palavras que nos devem interpelar: "A Igreja ficou atrasada duzentos anos. Como é possível que não se alvoroce? Temos medo? Medo, em vez de coragem? No entanto, a fé é o fundamento da Igreja. A fé, a confiança, a coragem. [...] Só o amor vence o cansaço".

Francisco é invencível, é forte, mesmo com sua aparência frágil. Um homem que veio do fim do mundo e fez recuperar em muitas pessoas a atitude de escuta e de observação da Igreja Católica, ainda que com críticos ferrenhos a seu pontificado. Aplaudido em todo o mundo e nas mais diversas assembleias e públicos, Francisco se encontra também com seus críticos, e muitos estão próximos, têm nome e sobrenome, alguns até vestem a batina púrpura, mas em nada o assustam.

Estamos vivendo um momento de esperança, e Francisco é porta-voz da esperança. Sua voz e seu modo de ser restauram a Igreja e resgatam dentro do coração esse sentimento que tanto necessitamos que seja reavivado dentro de nós. E ele o resgata com seu jeito, um jeito de ser Igreja em saída que abraça os irmãos e irmãs. Francisco nos ajuda a olhar para a vida e para a realidade sem medo, e a leveza e a confiança em Deus nos fazem repensar a fé, a religião e o próprio Deus. Sem querer converter ninguém de forma proselitista, ele apenas age e vive como Francisco.

O que poderia ser mais cristão que isso? Resgatar a esperança nos corações enfraquecidos, fazendo com que sejamos afetados por seu testemunho da alegria, do amor e da esperança, acreditando em uma Igreja que se assemelhe mais a seu fundador, Jesus Cristo, alguém que acolhia e amava, tocava a carne ferida dos pobres e excluídos; uma Igreja samaritana, em saída, aberta, acolhedora, apaixonada por Jesus Cristo, servidora e comprometida com a realidade e com o povo sofrido. Como sempre dizia Dom Helder Câmara em sua Invocação à Mariama: "Isto é Evangelho".

Francisco trouxe os pobres para a agenda da Igreja no mundo, sempre nos lembrando que o Evangelho nos insere na vida deles e que sem eles todos perdemos:

> o que perde a Igreja sem os pobres? [...] Perde o sentido da história e sua função de fermentação no mundo, permanecendo estão

> à margem da marcha dos homens e mulheres de nosso tempo [...] perde a força da encarnação no mundo, do enraizamento na realidade concreta e dolorosa das maiorias sofredoras, pois só essas sentem e vivem o drama do mundo [...] Enfim, sem os pobres, a Igreja perde seu Senhor, que com eles se identificou e os fez juízes definitivos do mundo. Sem os pobres, a Igreja se perde simplesmente.[46]

Obrigado, Francisco, pela esperança que nos transmite e nos restaura internamente, e restaura nossa espiritualidade, nossa humanidade, nossa fé. A história será testemunha de tudo o que fazes hoje, no cotidiano. Francisco, obrigado pela restauração que inicia especialmente dentro de nós quando nos convida à autenticidade. Amém.

# NOTAS

[1] LOYOLA, Santo Inácio de. *Exercícios Espirituais*. Porto Alegre: Edições Loyola, 2002.

[2] DONNINI, Debora. Papa Francisco: a esperança é o ar que o cristão respira. Disponível em: <bit.ly/2Qarjs5>. Acesso em: 7 ago. 2020

[3] MARCOLIVIO, Luca. A felicidade é uma "virtude peregrina" que caminha com Jesus. *Zenit*, 10 maio 2013. Disponível em: <bit.ly/34jmPr9>. Acesso em: 7 ago. 2020.

[4] IGREJA CATÓLICA. Papa (2013- : Francisco). Exortação Apostólica *Evangelii Gaudium* do Santo Padre Francisco ao episcopado, ao clero às pessoas consagradas e aos fiéis leigos sobre o anúncio do Evangelho no mundo actual. 24 nov. 2013. Disponível em: <bit.ly/3kRIPPd>. Acesso em: 7 ago. 2020.

[5] IGREJA CATÓLICA. Papa (2013- : Francisco). Exortação Apostólica Pós-Sinodal *Amoris Lætitia* do Santo Padre Francisco aos bispos aos presbíteros e aos diáconos às pessoas consagradas aos esposos cristãos e a todos os fiéis leigos sobre o amor na família. 10 mar. 2016. Disponível em: <bit.ly/32RhExy>. Acesso em: 7 ago. 2020.

[6] IGREJA CATÓLICA. Papa (2013- : Francisco). Exortação Apostólica *Gaudete et Exsultate* do Santo Padre Francisco Sobre A Chamada À Santidade No Mundo Atual. 19 mar. 2018. Disponível em: <bit.ly/2HnEQvc>. Acesso em: 7 ago. 2020.

[7] IGREJA CATÓLICA. Papa (2013- : Francisco). Diálogo do papa Francisco com os alunos dos pontifícios colégios e internatos de Roma. 12 maio 2014. Disponível em: <bit.ly/2EdrEYx>. Acesso em: 7 ago. 2020.l

[8] SEIS anos atrás, a primeira homilia do papa Francisco na Casa Santa Marta. *Vatican News*, 22 mar. 2019. Disponível em: <bit.ly/32agOKM>. Acesso em: 7 ago. 2020.

[9] BARRETO: sínodo continúa buscando en comunidad la voluntad de Dios. *Vatican News*, 8 nov. 2019. Disponível em: <bit.ly/2FhCop5>. Acesso em: 7 ago. 2020.

[10] IGREJA CATÓLICA. Papa (2013- : Francisco). Papa à Cúria: Catálogo de possíveis doenças. 22 set. 2014. Disponível em: <bit.ly/3iVcJ4q>. Acesso em: 7 ago. 2020.

[11] IGREJA CATÓLICA. Papa (2013- : Francisco). Participação ao II Encontro Mundial dos Movimentos Populares: Discurso do santo padre. 9 jul. 2015. Disponível em: <bit.ly/3l4kRks>. Acesso em: 7 ago. 2020.

[12] BISPOS franceses: um convite à conversão, sinodalidade e colegialidade. *Vatican News*, 12 nov. 2019. Disponível em: <bit.ly/2E5Up9H>. Acesso em: 7 ago. 2020.

[13] MURRAY, Cristiane. Papa: "abandonar o egocentrismo e não temer a diversidade". *Diocese de União da Vitória*, jun. 2019. Disponível em: <bit.ly/3hj5TVA>. Acesso em: 10 ago. 2020.

[14] IGREJA CATÓLICA. Papa (2013- : Francisco). Discurso do santo padre aos bispos responsáveis do Conselho Episcopal Latino-Americano (C.E.L.A.M.) por ocasião da reunião geral de coordenação. 28 jul. 2013. Disponível em: <bit.ly/31ibWEa>. Acesso em: 20 ago. 2020.

[15] IGREJA CATÓLICA. Papa (2013- : Francisco). Mensagem do papa Francisco aos participantes do simpósio internacional promovido pelo Dicastério para os religiosos sobre a gestão dos bens eclesiásticos ao serviço do "humanum" e da missão da Igreja. 8 mar. 2014. Disponível em: <bit.ly/31giPWp>. Acesso em: 10 ago. 2020

[16] "DESPERTEM o mundo": Íntegra do diálogo do Papa Francisco sobre a vida religiosa. *Adital*, 6 jan. 2014. Disponível em: <bit.ly/3hhV0mT>. Acesso em: 10 ago. 2020.

[17] IGREJA CATÓLICA. Papa (2013- : Francisco). Mensagem do papa Francisco aos participantes do simpósio internacional promovido pelo Dicastério para os religiosos sobre a gestão dos bens eclesiásticos ao serviço do "humanum" e da missão da Igreja. 8 mar. 2014. Disponível em: <bit.ly/31giPWp>. Acesso em: 10 ago. 2020.

[18] LOYOLA, Santo Inácio de. *Exercícios Espirituais*. Porto Alegre: Edições Loyola, 2002, p. 92.

[19] NOGARA, Jane. Papa aos Jesuítas: nos pobres, o encontro com Cristo. *Vatican News*, 7 nov. 2019. Disponível em: <bit.ly/2YoJ0IV>. Acesso em: 10 ago. 2020.

[20] NOGARA, Jane. Papa aos Jesuítas: nos pobres, o encontro com Cristo. *Vatican News*, 7 nov. 2019. Disponível em: <bit.ly/2YoJ0IV>. Acesso em: 10 ago. 2020.

[21] TORNIELLI, Andrea. *Il nome di Dio è Misericordia*. Segrate, It.: Piemme, 2016, p. 22.

[22] MENDONÇA, José Tolentino. *Elogio da Sede*. São Paulo: Paulinas, 2019, p. 122.

[23] TORNIELLI, Andrea. *O nome de Deus é misericórdia.* São Paulo: Planeta de Livros, 2016.

[24] MIRANDA, Mario de França. *A Igreja em transformação.* São Paulo: Paulinas, 2019, p. 59.

[25] PAPA fala sobre como a Eucaristia nos transforma e nos fortalece. *Portal A12*, 21 mar. 2018. Disponível em: <bit.ly/3aKplI6>. Acesso em: 10 ago. 2020.

[26] NA CATEQUESE, papa Francisco fala da oração como fonte de misericórdia. *Portal CNBB*, 25 maio 2016. Disponível em: <bit.ly/3aJHN3L>. Acesso em: 10 ago. 2020.

[27] IGREJA CATÓLICA. Papa (2013- : Francisco). Exortação Apostólica *Evangelii Gaudium* do Santo Padre Francisco ao episcopado, ao clero às pessoas consagradas e aos fiéis leigos sobre o anúncio do Evangelho no mundo actual. 24 nov. 2013. Disponível em: <bit.ly/3kRIPPd>. Acesso em: 7 ago. 2020.

[28] IGREJA CATÓLICA. Papa (2013- : Francisco). Festa de acolhida dos jovens: saudação e homilia do Santo Padre . 25 jul. 2013. Disponível em: <bit.ly/3bKKrGX>. Acesso em: 8 set. 2020.

[29] IGREJA CATÓLICA. Papa (2013- : Francisco). Vigília de oração com os jovens: discurso do Santo Padre. 27 jul. 2013. Disponível em: <bit.ly/3h500dG>. Acesso em: 8 set. 2020.)

[30] IGREJA CATÓLICA. Papa (2013- : Francisco). Exortação apostólica pós-sinodal "Christus vivit". Do santo padre Francisco aos jovens e a todo o povo de Deus. 25 mar. 2019. Disponível em: <bit.ly/2QeO0LG>. Acesso em: 10 ago. 2020.

[31] IGREJA CATÓLICA. Papa (2013- : Francisco). Abertura da XV Assembleia Geral Ordinária do Sínodo dos Bispos. Discurso do papa Francisco na abertura do sínodo. 3 out. 2018. Disponível em: <bit.ly/3giEeCO>. Acesso em: 10 ago. 2020.

[32] IGREJA CATÓLICA. Papa (2013- : Francisco). *Encontro com os jovens: discurso do santo padre.* 18 jan. 2015. Disponível em: <bit.ly/2R75BFK>. Acesso em: 8 set. 2020.

[33] IGREJA CATÓLICA. Papa (2013- : Francisco). Discurso do Santo Padre aos participantes na Conferência Internacional em Prol da Paz. 28 abr. 2017. Disponível em: <bit.ly/2RclcUq>. Acesso em: 8 set. 2020.

[34] MIRANDA, Mario de França. *A Igreja em transformação.* São Paulo: Paulinas, 2019, p. 59.

[35] IGREJA CATÓLICA. Papa (2013- : Francisco). Encontro com os sacerdotes, as pessoas consagradas e o Conselho Ecuménico das Igrejas: discurso do Santo Padre. 31 mar. 2019. Disponível em: <bit.ly/3bJv15D>. Acesso em: 8 set. 2020.

[36] QUANDO Jesus convida à conversão não o faz para julgar. Franciscanos, 18 jun. 2016. Disponível em: <bit.ly/2YmLkAe>. Acesso em: 10 ago. 2020.

[37] IGREJA CATÓLICA. Papa (2013- : Francisco). Carta Encíclica *Laudato Si'* do

Santo Padre Francisco sobre o cuidado da Casa Comum. 24 maio 2015. Disponível em: <bit.ly/3605y79>. Acesso em: 8 set. 2020

[38] IGREJA CATÓLICA. Papa (2013- : Francisco). Exortação Apostólica *Evangelii Gaudium* do Santo Padre Francisco ao episcopado, ao clero às pessoas consagradas e aos fiéis leigos sobre o anúncio do Evangelho no mundo actual. 24 nov. 2013. Disponível em: <bit.ly/3kRIPPd>. Acesso em: 7 ago. 2020.

[39] IGREJA CATÓLICA. Papa (2013- : Francisco). Exortação Apostólica Pós-Sinodal *Amoris Lætitia* do Santo Padre Francisco aos bispos aos presbíteros e aos diáconos às pessoas consagradas aos esposos cristãos e a todos os fiéis leigos sobre o amor na família. 10 mar. 2016. Disponível em: <bit.ly/32RhExy>. Acesso em: 7 ago. 2020.

[40] IGREJA CATÓLICA. Papa (2013- : Francisco). Visita ao Congresso dos Estados Unidos da América: discurso do Santo Padre. 24 set. 2015. Disponível em: <bit.ly/2GKn05g>. Acesso em: 10 ago. 2020.

[41] IGREJA CATÓLICA. Papa (2013- : Francisco). Visita ao Congresso dos Estados Unidos da América: discurso do Santo Padre. 24 set. 2015. Disponível em: <bit.ly/2GKn05g>. Acesso em: 10 ago. 2020.

[42] IGREJA CATÓLICA. Papa (2013- : Francisco). Visita ao Congresso dos Estados Unidos da América: discurso do Santo Padre. 24 set. 2015. Disponível em: <bit.ly/2GKn05g>. Acesso em: 10 ago. 2020.

[43] IGREJA CATÓLICA. Papa (2013- : Francisco). Exortação Apostólica *Evangelii Gaudium* do Santo Padre Francisco ao episcopado, ao clero às pessoas consagradas e aos fiéis leigos sobre o anúncio do Evangelho no mundo actual. 24 nov. 2013. Disponível em: <bit.ly/3kRIPPd>. Acesso em: 7 ago. 2020.

[44] VAI, Francisco, e repara a Igreja", diz pregador do Papa, citando Jesus. G1, 29 mar. 2013. Disponível em: <glo.bo/34hn46d>. Acesso em: 10 ago. 2020.

[45] IGREJA CATÓLICA. Papa (2013- : Francisco). *Homilia do Papa Francisco.* 31 maio. 2020. Disponível em: <bit.ly/2R77imA>. Acesso em: 10 ago. 2020.

[46] LIBANIO, João Batista. *Olhando para o futuro.* São Paulo: Loyola, 2003, p. 189.

Este livro foi composto com tipografia Adobe Garamond Pro e
impresso em papel Off-White 90 g/m² na Formato Artes Gráficas.